온·오프를 아우르는

학급경영 B to Z

참여와 소통의
학급을 만드는
담임 멘토링

온·오프를 아우르는

학급경영
B to Z

송형호 · 손지선 지음

우리학교

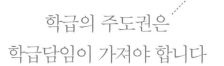

학급의 주도권은
학급담임이 가져야 합니다

새해가 되면 교사들은 새로 맡을 담임 반에 대해 걱정하기 시작합니다. '작년 담임 반에는 힘든 학생들이 너무 많았어. 올해는 작년보다 예쁜 학생들이 많이 들어오면 좋을 텐데.' 하는 바람을 가지게 되지요. 운명의 담임 반 뽑기 날, 학교에서 요주의 인물인 그 녀석만은 제발 우리 반이 안 되었으면 하는 간절한 마음으로 반을 뽑았는데 학급 명렬표에 그 녀석이 떡하니 들어 있습니다. 벌써부터 머리가 아프고, 올 한 해를 어떻게 버틸지 막막해집니다. 아무래도 많은 선생님들이 이런 경험이 있었으리라 짐작해 봅니다.

학급 구성원이 별로이면 방학이 오기만을 기다리면서 버텨야 하고, 반대로 마음에 드는 학생들이 많이 들어오면 행복한 한 해가 될 수 있으리라 생각합니다. 학급경영의 성패가 학급 구성원이 누구냐에 달려 있다고 생각하는 것입니다. 그런데 학급을 랜덤으로 뽑기로 결정한 상황에서 누가 우리 반이 되느냐는 학급담임이 결정할 수 있는 일이 아닙니다. 이런 상황에서 어떤 학생들을 만나느냐에 따라 학급 경영이 달라진다고 생각하면 자연히 학급의 주도권은 학생들에게 넘어가고, 교사는 시시각각 몰아치는 학생들의 행동에 그때그때 대응하면서 그저 힘든 시간이 지나가기를 빌게 될 뿐입니다.

직업의 안정성, 정시 퇴근, 방학의 존재와 같은 측면에서 교사라는 직업은 사회적으로 선망을 받고 있지만 매년 명예퇴직이나 무급인 자율 연수 휴직을 신청하는 교사의 수가 늘어나고 있는 사실을 보면, 교육 현실이 녹록지 않다는 생각이 듭니다. 학생들을 상대하는 것이 너무 힘들어서 교직을 그만두는 교사의 이야기는 어제오늘의 일이 아닙니다.

한번은 어느 지역 교육연수원에 학급경영 강의를 하러 강의실에 들어갔는데 저보다 훨씬 경력이 많은 분들이 앉아 계시기에 강의실을 잘못 찾은 줄 알고 돌아 나와 강의실 번호를 확인하고 다시 들어간 적이 있습니다. 그 방이 맞더군요. 학급경영 연수에 왜 고경력 교사들이 앉아 계셨을까요? 강의 도중 확인한 것이지만 경력이 쌓여도 아이들의 '낯선 행동(문제 행동을 새로운 관점으로 보기 위해 정의한 개념)'에 대처하기가 너무 힘들어 연수를 듣게 되었다고 하시더군요.

최근에 학교로 온 젊은 교사들은 좀 나을까요? 그렇지 않습니다.

전국신규교사모임과 서울신규교사모임 SNS에 매일같이 올라오는 글을 보면 학교에서 어려움을 겪고 있는 교사가 너무나도 많습니다. "학교에 가는 것이 너무 끔찍하다", "학교만 생각하면 마음이 답답해진다", "그만두고 싶다", "사직서를 내고 다른 직업을 알아보고 있다" 등과 같은 글이 계속해서 올라옵니다. 젊은 교사들 역시 학생들 앞에서 무기력함을 느끼고, 발톱을 세우고 달려드는 학생들에게 공포마저 느낍니다. 학생들은 한시도 가만히 있지 않습니다. '학생들을 잘 돌보아야지.' 하는 마음도 잠시, 학생들의 예측할 수 없는 행동을 파악하고 처리하느라 하루가 어떻게 흘러가는지 모를 지경입니다. 교과에 대해서는 대학, 대학원에서 배운 지식이 있고 행정 업무는 다른 선생님들께 물어 가면서 하면 되지만, 학급경영에 대해서는 배운 적이 없어 막막하고 답답하다는 이야기를 많이 합니다. 힘든 노력 끝에 꿈에 그리던 교사가 되었는데 수많은 교사들이 왜 이렇게 고통을 받고 있을까요?

학급담임은 담임 반 학생들의 학교생활을 책임지며, 학생들을 좀 더 직접적으로 지도해야 하기에 학생들과 더 많은 접촉이 생길 수밖에 없는 자리입니다. 수업 시간에 지시를 안 따르는 학생이라면 속으로 '그냥 넘어가자.'라고 하면서 눈을 돌릴 수도 있지만, 우리 반 학생이 낯선 행동을 했을 때는 그럴 수 없습니다. 학급담임으로 학생들을 돌보는 것 외에 수업도 해야 하고 주어진 행정 업무도 처리해야 하니,

교사 자신이 아무리 노력을 한다고 해도 반 아이들의 행동을 일일이 다 교정할 시간도, 여력도 없습니다. 거기에 학부모와의 관계도 결코 쉽지 않습니다.

그렇다면 어떻게 해야 할까요? 학급담임을 맡기 전에 무엇을 준비해야 할까요? 무엇보다 날마다 상대해야 하는 학생과 학부모에 대한 차원 높은 이해가 필요합니다. 학생과 학부모에 대한 깊은 이해 없이는 그때그때 일어나는 사안에 대해 임기응변식의 대응밖에 할 수 없습니다.

그리고 교사 자신의 성향을 먼저 인식하고, 자신에게 맞는 방식을 찾아가야 합니다. "처음에 아이들에게 웃어 주면 안 된다. 첫날에는 검은색 정장을 입고 무표정하게 있어야 한다."와 같은 '첫날 행동 요령'은 누군가에는 딱 맞는 옷일 수 있지만 누군가에는 어색하고 거추장스러운 옷이 될 수 있습니다. 아무리 좋아 보이는 활동도 껍데기만 따라 한다고 해서 그 속에 들어 있는 가치까지 전달되는 것은 아닙니다. 활동 속에 들어 있는 교육관을 파악하고 자신의 성향과 방식에 맞게 적용해야 합니다.

교직은 사람을 다루는 직업입니다. 아이들에게 더 좋은 모습을 보여 달라고 요구하려면 교사도 그만큼 노력하는 모습을 보여 주어야 합니다. 아이들은 말만 앞서는 어른을 '꼰대'라고 생각하고 따르지 않습니다. 그런 어른이 너무 많기 때문에 쉽게 무시해 버립니다. 학생들에게서 변화를 끌어내기 위해서는 교사도 학생들이 인정할 만한 태도와 자세를 보여야 합니다.

　마지막으로 일상적으로 반복되는 담임 업무는 '로봇이 해도 할 수 있을 정도'로 매뉴얼화하여 손쉽게 처리해야 합니다. 매뉴얼이 잘 짜여 있고 시스템이 제대로 갖추어져 있으면 번번이 같은 업무를 처리하느라 시간과 노력을 낭비하지 않을 수 있습니다. 반복되는 단순 업무는 매뉴얼화하고, 담임은 아이들의 성장을 이끌어 내는 데 집중해야 합니다.

　코로나19로 인해 우리의 삶이 완전히 바뀌었습니다. '설마'가 현실이 됐던 그 순간, 온 나라가 혼란에 휩쓸렸습니다. 학생들이 학교에 오지 못하고 집에서 온라인 수업을 듣게 될 것이라고 누가 상상이나 해 보았을까요? 2020년 4월, 사상 초유로 전국의 모든 학교에서 온라인 수업을 시작하게 되었습니다. 온라인 수업이라는 비상사태를 겪으면서 그동안 학생들과 날마다 만나고 소통했던 일상이 얼마나 소중한 것이었는지 뼈저리게 느꼈습니다.

　학생들이 학교에 나와서 수업을 듣는 '대면' 수업과 집에서 온라인 수업을 듣는 '비대면' 수업은 겉으로 보기에는 큰 차이가 있습니다. 하지만 결국 선생님과 학생이 상호 작용하는 수업 속에서 배움이 일어난다는 핵심은 변하지 않습니다. 학급경영도 마찬가지입니다. 학급담임을 하면서 그동안 학생들과 다양한 매체로 소통해 왔습니다.

인터넷 학급 카페, 카카오톡, 페이스북 같은 SNS에서 학생들을 상담하고 격려해 왔습니다. 이러한 경험을 하면서 깨달은 것은 학생들과 얼굴 볼 시간이 절대적으로 부족한 온라인 수업에서도 학생들과 상호 작용하고, 학생들을 이해하고, 학생들에게 성장의 기회를 제공한다면 학급경영은 충분히 성공적이라는 것입니다.

저희는 이 책의 제목을 '학급경영 A to Z'가 아니라 'B to Z'라고 붙였습니다. 가장 중요한 'A'는 바로 이 책을 읽고 있는 선생님을 가리킨다는 뜻에서입니다. 저희 두 사람이 쓴 이 책은 그저 길잡이일 뿐, 아이들 손을 잡고 직접 길을 걷는 사람은 독자인 선생님 자신이니까요. 선생님의 외롭고 힘든 길에 부디 이 책이 좋은 길벗이 되기를 바라는 마음입니다.

2021년 1월

손지선

참여와 소통의 학급을
만들기 위하여

1984년 사립 공고에서 교직을 시작할 때부터 1989년 사립 인문고에서 전교조 가입으로 해직될 때까지 숙제를 안 해 오거나 복습 질문에 대답을 못 하는 학생들의 목덜미를 손바닥으로 세 대씩 때렸지요. 제가 중학교 다닐 때 어느 선생님께서 쓰시던 방법인데 아무 생각 없이 따라 한 것이었어요. 제가 해직될 때 저희 반 아이들이 엽서를 한 장씩 써 주었는데 따뜻한 격려의 글들이 대부분이었지만 그중 한 장에 "선생님, 복직하시면 때리지 마세요."라는 글이 있어 충격을 받았습니다.

4년 6개월의 해직 생활을 접고 복직하면서 매를 포기하자고 저 자신과 약속을 했습니다. 그런데 공립 여중으로 복직을 시키더군요. 고등학교 남자아이들을 가르치다가 중학교 여자아이들을 가르치려니 매는 고사하고 야단도 못 치겠더라고요. 설명 중심의 수업 방식도

통하지를 않았어요. 얼마나 힘이 들었는지 입술이 부르터서 나을 줄을 모르더군요. 매를 부활하고 싶은 유혹이 강했습니다. 제가 가르치는 반의 영어 성적이 같은 학년 다른 영어 선생님이 가르치는 반보다 무려 평균 15점이나 낮아서 교장선생님께 '경위서'를 제출하기도 했어요. 하지만 결심을 포기하지 않고 내 쪽에서 먼저 변화해야 한다고 다짐을 하고 수업 방법 연구에 몰두했습니다. 저녁을 거의 학교에서 먹고 퇴근 시간은 8시를 넘기기 일쑤였지요. 그날 수업 중 반응이 좀 좋았다 싶은 것은 조금씩 더 늘려 나가는 방법을 썼습니다.

그러던 어느 날 수업에 전혀 참여하지 않던 한 학생의 연습장을 넘겨 보다가 그 학생이 만화 그리기에 탁월한 소질이 있음을 알게 되었어요. 어차피 공부를 안 할 거면 교과서의 단어를 소재로 삼아 만화를 그려 보라고 인심 쓰듯 종이 한 장을 건네주었습니다. 다음 날 아이는 만화 15컷을 그려 왔습니다. 아이의 솜씨가 만만치 않아 보여 저는 격려하는 의미로 단어의 중간 철자 일부를 화이트로 지우고 밑줄을 그은 다음, 반 학생 수만큼 복사해 수업 시간에 아이들에게 나누어 주었습니다. 복사물을 나누어 주기가 무섭게 아이들은 만화 퀴즈를 푸느라 고개 한번 들지 않고 빈칸을 채워 나갔습니다. 어디선가 째깍째깍 소리가 들려 고개를 돌려 보니 벽시계의 초침 소리였습니다. 아이들이 얼마나 몰입했던지 시험 때보다 더 조용해서 시계 소리가 들렸던 것입니다. 그토록 산만하던 수업 분위기가 차분해지고 모든 아이들이 집중해 단어 학습을 하는 모습을 보고, 그 뒤로는 단어를 외우라거나 몇 번씩 써 오라는 과제 대신 양식을 인쇄해 나누어 주고 만화를 그려 오라는 숙제를 내니 그야말로 대박이었습니다. 반마다 열 장 이상씩 '이미지 단어 학습지'가 만들어지기 시작했습니다.

아이들에게 만화를 보고 단어를 맞히는 것은 학습이 아니라 '놀이 Play'였습니다. 아이들은 놀이에 참여하면서 스스로 학습하기 시작한 것입니다. 아이들 중에 만화가 좋기는 좋은데 그림을 잘 못 그린다고 어려움을 호소하는 아이가 있어서 낱말 퍼즐을 만들어 보라고 했더니 집중해서 만들어 왔습니다. 자신의 작품(저는 아이들 과제를 그때부터 작품이라고 불러 왔습니다)이 자기 반 수행평가에 쓰이는 걸 보고 대단한 자부심을 느끼더군요. 제가 수업을 끌고 가려던 생각을 지우고 아이들이 다양한 방식으로 단어나 문장을 표현해 보도록 했습니다. 아이들은 수업에 참여하고 과제를 통해 친구들과 소통할수록 더욱 신바람이 났습니다. 마침 교실마다 40인치 안팎의 프로젝션 TV가 보급되어 같은 학교 교사들과 이를 칠판으로 사용하는 방법을 연구해 교육부 장관상을 받기도 했습니다. 이런 방법이 통하자 참여소통교육모임이라는 교사 전문 학습 공동체를 만들어 전국에 보급하게 되었지요.

수업이 놀이가 되어 갈 즈음 이런 참여 소통의 수업 방식이 고등학교에서도 통하지 않을까 실험을 해 보고 싶어 고등학교 내신을 냈습니다. 그런데 아뿔싸! 전근 간 고등학교에는 멀티미디어 시설이 아직 보급되지 않았습니다. 옛날 방식으로 설명 위주의 수업을 하니 아이들이 냉담한 반응을 보이더군요. 스트레스로 중이염에 걸려 유명한 이비인후과를 두 달이나 다녔는데도 낫지를 않자 의사 선생님도 고개를 갸웃하시더군요. 그만큼 스트레스가 심했던 것이지요. 겨울방학 때 멀티미디어 시설이 있는 빈 교과 교실을 영어 교과 교실로 꾸미고 이듬해부터 참여 소통 수업을 다시 시작했고, 곧 'ICT 활용 수업의 달인'으로 불리게 되었습니다.

몇 해 전부터 신규 선생님들을 위한 카톡방을 과목별로 열어 집단 멘토링을 했습니다. 어느 날 한 신규 선생님께서 담임 반 아이들이 교원 평가에서 자신의 수업에 혹평을 한 것을 보시고 깜짝 놀라 제게 전화를 주셨더군요. 담임 반 수업을 가장 어려워들 하십니다. 왜냐하면 자기 반 수업 때는 이런저런 잔소리도 하고 전달 사항도 말하다 보면 수업에 집중하지를 못하기 때문입니다. 무엇보다 수업 중에는 수업 이외의 일에는 신경을 쓰지 않으려 마음먹어야 하고, 특히 담임 반 수업은 다른 반 수업보다 더 신경을 집중해야 합니다. 아이들은 수업을 잘하는 교사를 존경합니다. 초등학생도 그렇습니다. 아이가 집에 가서 "엄마, 우리 담임선생님 수업 진짜 잘하셔."라고 하면 담임의 생활교육 부담이 절반 이상 줄어듭니다. 존경하는 선생님을 괴롭힐 녀석이 몇이나 되겠어요? 훈육보다 담임의 수업을 좋아하게 만드는 것이 우선입니다.

첫해를 빼고는 일반고에서 전부 2학년 문과 담임을 했습니다. 후배 교사들이 문과를 기피해서요. 알고 보니 이과 학생들은 지각, 결석도 적고 사안도 일이 크지 않더군요. 2004년에는 반에 우울한 아이들이 많아 지각, 결석이 출석부 통계가 불가능할 정도였습니다. 미인정 지각, 조퇴, 결석은 더욱 심해지고 그럴 때 체벌의 유혹이 얼마나 강했겠어요. 다행히 그해부터 출결을 컴퓨터로 처리할 수 있게 되어서 봄방학 때 출석 통계 내느라 이틀을 혼자 출근해서 3월부터 입력을 해 정리할 수 있었어요. 한심해서 속으로 울었어요. 하지만 그때도 희망은 잃지 않았습니다. 오늘 나의 시련이 언젠가 지혜라는 복이 되어 돌아오리라는 믿음이 있어서요.

그 파동을 겪고 난 뒤 곰곰이 학급운영 시스템을 하나하나 살펴보게 되었습니다. 영어에 "Leave no stone unturned."라는 표현이 있습니다. "어떤 돌도 뒤집어 보지 않도록 놔두지는 않겠다." 즉, "어떤 돌도 다 뒤집어 보겠다."는 뜻으로, 가능한 모든 노력을 다한다는 의미입니다. 학급운영에도 참여와 소통의 방식을 도입해야겠다는 생각으로 학교장상 모범상(장학생) 추천 기준으로 1인 1역과 주번 활동 동료 평가와 미인정 출결을 반영한 학급 규칙을 만들고 3월 첫날부터 쉴 틈 없이 진행해 나갔습니다. 거기에 지속적인 긍정적 피드백(칭찬 도장, 칭찬 문자, 종례 신문, 성적 향상상 등)으로 소속감과 자존감을 향상시키려고 노력했습니다. 그러자 아이들의 낯선 행동이 점차 줄어들고 학급이 안정되어 갔습니다. 한 아이는 담임이 공정하게 모범상을 추천하는 것을 보고 "우리 담임선생님은 진짜 철저해."라며 고개를 절레절레 흔들더군요. 담임으로서 여유가 생기니까 낯선 행동을 하는 아이들을 돌보고 치유할 여력이 생기더라고요. 울퉁이 불퉁이들 백반 사 먹여 가며 얘기를 들어 주니 속내를 풀어놓더군요. 그런 이야기들이 돌봄치유교실 카페(https://cafe.naver.com/ket21)를 탄생시켰습니다.

2010년 가을, 모 교육감의 체벌 금지 지침으로 학교가 발칵 뒤집혔던 적이 있습니다. 진보냐 보수냐를 막론하고 양쪽에서 엄청난 비난을 받았습니다. 왜냐하면 체벌이 워낙 강력한 훈육 수단이라 그동안 대체할 만한 훈육법에 대한 연구가 거의 이루어지지 않아 당황했기 때문입니다. 양방향 소통에 익숙한 디지털 세대 아이들은 일방적인 수업, 학급운영, 생활교육에 저항을 하기 시작했습니다. 교사들은 당황했고 명예퇴직이라는 수단을 취한 교사들도 많습니다. 김성기의 「초중등 교원의 명예퇴직 사유분석을 통해 본 교단 안정화 방안」(2012년)이라는 연구 논문에 따르면, 명예퇴직 신청의 증가 원인 1위가 생활지도의 어려움 증가입니다. 2위는 잡무에 따른 스트레스 증가, 3위는 학부모들의 민원에 따른 스트레스 증가였습니다.

학교에서 체벌의 역사는 뿌리가 깊습니다. 김홍도의 풍속화 〈서당〉에도 훈장에게 회초리를 맞으며 우는 아이가 등장합니다. 물론 모든 집단에는 권위나 훈육이 필요합니다. 권위나 훈육이라는 말 자체에 거부감을 느낄 필요는 없습니다. 다만 어떤 유형의 권위와 훈육이냐가 중요하지요. 교권은 교사의 권리에 한정되지 않고 학생이 안전하게 교육받도록 하는 '교육권'으로, 헌법상의 권리입니다. 훈육 또한 학교 구성원 모두에게 필요합니다. 이 책은 교사가 갑이고 학생이 을인 훈육이 아니라 구성원 전체가 성찰하고 성장해야 한다는 관점에 서 있습니다. 훈육의 대상이 되어 온 문제 행동도 '낯선 행동'이라고 새롭게 정의하고 이를 이해하는 새로운 관점을 제시하고자 합니다.

손지선 선생님과의 인연은 참 각별합니다. 10여 년 전 외대 사대의 후배 교수가 제게 특강을 요청해 갔을 때 대학교 3학년이던 손 선생님이 제 강의를 들었지요. 특강 후 학생들에게 회식에 참석해도 좋다고 초대를 했는데 손 선생님이 그 자리에 와서 저에게 질문도 하고 휴대전화 번호도 서로 나누었습니다. 그때부터 제가 특강을 했던 내용으로 미리 준비를 하고 임용이 된 이후 카페(https://cafe.naver.com/etson)를 만들어 바로 실천하더군요. 혁신에 나이는 중요하지 않음을 보여 준 모범 교사입니다.

2013년에는 손 선생님과 함께 『공부하는 사람들』이란 책을 번역해 출간했지요. 그 책에 이런 내용이 나옵니다.

"새로운 공부 문화에서 사람들은 공통적인 관심과 기회에 따라 자발적으로 이루어진 유연한 관계 속에서 서로 참여하며 상호 작용을 통해 배운다. 이러한 환경 속에서 모든 참여자는 동등한 위치에 있다. 그 누구도 교사나 학생과 같은 전통적인 역할을 하지 않는다. 대신에 특정 주제에 대해 알고 있거나 경험이 있는 사람이 언제든 멘토의 역할을 하게 된다."

그 뒤로 손 선생님은 저경력 교사들을 멘토링하면서 서로 배려하고 응원하는 교직 문화를 만드는 데 앞장서고 있습니다. 온라인 수업을 시행한 지 얼마 되지 않은 2020년 7월에 손 선생님이 멘토링하는 교사 집단에서 온라인 수업을 다룬 책을 출간한 것만 봐도 얼마나 활력이 넘치는 집단인지 알 수 있네요.

체벌이 없어진 교실에서 이제는 모든 교사가 낯선 행동을 다루는 노하우를 체화해야만 합니다. 체벌이 없어졌다는 이유로 교사들이 훈육의 책임을 내려놓으면 교실은 진짜 붕괴될 것이기 때문입니다. 손지선 선생님과 함께 쓴 이 책을 통해 디지털 세대의 코드를 이해하고 그 코드에 맞는 방법을 선택하여 행복한 담임으로 거듭나시기를 기원합니다.

2021년 1월

송형호

차례

서문

    학급의 주도권은 학급담임이 가져야 합니다 _ 손지선   4

    참여와 소통의 학급을 만들기 위하여 _ 송형호   10

1부

준비

01 담임은 바쁘면 안 됩니다   27

    시테크는 필수   28

    교재 연구의 시테크   30

    방학에 미리 준비해야 일류   33

02 요즘 아이들과 학부모들의 특징   34

    요즘 아이들의 특징   35

    요즘 학부모들의 특징   43

03 아이들을 대하는 마음가짐   47

    '문제' 행동이 아닌 '낯선' 행동으로 받아들이기   48

    멀리 내다보고 기다려 주기   49

    친절하지만 단호하게, 그리고 일관되게   51

    관찰의 달인, '적자'생존   52

    돌봄과 치유로 행복한 교실 만들기   53

04 온라인 학급경영 준비   55

소통의 선택권을 가진 아이들   56

마음을 전달하는 방법   57

인생 선배로서 보여 줄 수 있는 것들   58

별면 │ 학급경영 업무 효율성 높이기   61

2부

실전

01 담임 오리엔테이션   69

명함 나눠 주기   70

담임 소개와 목표 안내   71

우리 반의 특별한 점 소개   73

학부모에게 담임 소개   74

온라인은 이렇게 │ 유튜브 라이브로 학급 오리엔테이션 진행하기   77

02 학급 규칙   79

해도 되는 것, 해서는 안 되는 것 선 긋기   80

학급 규칙을 통한 결과 안내 중심 훈육   81

학급 규칙 정하는 방법   83

온라인은 이렇게 │ 패들렛으로 학급 규칙 정하기   89

03 주번 자율 선택제와 학급 1인 1역   91

주번 자율 선택제   92

학급 1인 1역   95

온라인은 이렇게 | 구글 공유 문서로 주번 및 1인 1역 신청하기   102

04 조회와 종례   105

주제가 있는 조회   106

종례 신문   109

온라인은 이렇게 | 온라인 수업에서 학생들과 소통하기   118

05 학급 행사   121

생일 파티   122

학급 야영   122

어버이날 이벤트   127

학급 문집   128

온라인은 이렇게 | 온라인 수업에서 학급 행사 진행하기   130

06 도난 사고 예방과 처리   134

소지품 실명제와 안내문 붙이기   135

3월에는 다른 반 출입 금지   135

담임 보관제   136

경호 팀장   138

도난 사고가 발생했을 때   140

07 **학교 폭력 예방** 148

학교 폭력 예방 퀴즈 149

노래를 통한 학교 폭력 예방 160

온라인은 이렇게 | 사이버 학교 폭력 예방하기 164

08 **학습지도** 166

동료 학습 멘토링 167

성적 향상상 172

수업 태도 점검표 173

온라인은 이렇게 | '완강 어워즈'로 웃으면서 수업 참여 이끌기 174

09 **지각 지도와 봉사 활동 지도** 178

지각 지도 178

봉사 활동 지도 181

10 **학급 복지 제도** 184

학급 복지 개념의 도입 184

학급비의 민주적 운영 186

11 **생활기록부와 표창** 189

생활기록부 190

표창 193

별면 | 학급경영 실전 기술 플러스 195

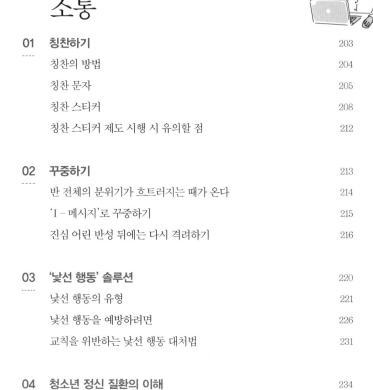

3부

소통

01 칭찬하기   203

칭찬의 방법   204

칭찬 문자   205

칭찬 스티커   208

칭찬 스티커 제도 시행 시 유의할 점   212

02 꾸중하기   213

반 전체의 분위기가 흐트러지는 때가 온다   214

'I – 메시지'로 꾸중하기   215

진심 어린 반성 뒤에는 다시 격려하기   216

03 '낯선 행동' 솔루션   220

낯선 행동의 유형   221

낯선 행동을 예방하려면   226

교칙을 위반하는 낯선 행동 대처법   231

04 청소년 정신 질환의 이해   234

청소년 정신 질환의 종류   235

위기 학생 멘토링 상설 동아리 운영   245

전문가에게 맡기자   246

05 학부모와의 소통   248

　학부모와 담임 사이에 소통이 적을 때   250

　학부모와 담임 사이에 소통이 있을 때   252

　SNS로 학부모와 소통하기   254

　학부모에게서 학생의 정보를 알아내자   255

　학생의 낯선 행동 다루기   256

　위기 상담   259

　학생 사안 발생 시 학부모 상담   263

06 동료 교사와의 소통   266

　직무 분석이 필요   267

　교사 간 소통법   269

　원활한 소통의 실제 사례   270

07 교사 소진 대처법   274

　교사 소진의 증거   275

　교사 소진의 양상과 해결법   278

참고 문헌   287

1부

준비

나라마다 담임의 역할에 차이가 있습니다. 미국의 중고등학교에서는 담임을 'Homeroom Teacher'라고 합니다. 아침에 출석 체크를 하고 공지 사항을 전달하고 특별한 안건이 있으면 토론에 부치는 정도의 역할입니다. 아이들은 각자 선택한 수업에 따라 하루 종일 교실을 이동하며 수업을 듣습니다. 우리나라는 이 같은 교과 교실 제도가 아직 미진해 아이들이 한 교실에 상주합니다. 그러다 보니 아이들을 관리하고 책임지는 일이 담임에게 무한정 요구됩니다. 그런데 미국 교사들은 한국의 담임 시스템을 부러워하기도 한다는 말을 듣고 놀랐습니다. 책임 있는 인성 교육이 가능하다면서요. 남의 손에 든 떡은 언제나 더 커 보이기 마련인가 봅니다. 그렇다면 우리가 가진 장점을 최대한 살리는 것이 현명한 방법이겠지요? 이 책을 통해 담임의 무한 책임을 참여와 소통, 돌봄과 치유로 슬기롭게 즐기는 노하우를 나누고자 합니다. 그 첫 번째는 '준비' 단계입니다. 먼저 담임을 맡기 전 가져야 할 마음가짐을 이야기해 봅시다.

01

담임은
바쁘면
안 됩니다

매일매일 다른 날씨에, 다른 기분과 컨디션으로 학교에 오는 수십 명의 우리 반 학생들에게 어떤 일이 일어날지 예측하기란 어렵습니다. 아이들끼리 잘 지내는 것 같다가도 한순간에 사이가 틀어지기도 하고, 갑자기 서로 시비가 붙어 목소리 높여 싸우기도 합니다. 그럴 때면 담임은 문제가 왜 시작되었는지, 누가 어떤 잘못을 했는지, 그리고 어떻게 처리해야 할지 생각해야 합니다. 더불어 이 과정을 교육적으로 활용해서 학생들이 성찰하고 성장하는 기회가 될 수 있도록 고민해야 합니다. 마지막으로 학부모에게 사안을 설명하고 처리 과정과 결과에 대해 동의를 이끌어야 합니다.

이렇게 반에서 일어난 사소한 일 하나를 해결하는 데에도 해야 할 일이 무척 많고 시간이 많이 듭니다. 그렇지 않아도 산더미 같은 업무에 시달리느라 몸도 마음도 바쁜데 반 학생이 사안을 일으키면 학급담임은 순간적으로 짜증과 화, 초조함과 답답함 같은 부정적인 감정이 들면서 '안 그래도 바쁜데, 왜 너까지 그러니?'라는 생각마저 하게 되지요. 담임이 여유가 없는데 학급경영이 잘될 리 없습니다.

이집트 로제타석에 여러 차례 반복된 표현이 "요즘 젊은이들은 버릇이 없다."라더군요. 신세대가 구세대와 같으면 그 사회는 발전할 수 있을까요? 오히려 그런 버릇없음을 용인하고 창의력으로 승화시켜 주어야겠지요. 나중에 설명하겠지만 우리 사회의 우울 정도는 위기 수준입니다. 그렇기에 학급의 경영자인 학급담임은 반 아이는 물론 학부모의 우울까지 돌보는 역할을 해야만 살아남습니다. 그런데 바쁜 교사에게 그런 역할을 기대할 수는 없겠지요.

시時테크는 필수

그렇다면 어떻게 시간을 확보할 수 있을까요? 담임교사에게 시時테크를 권장합니다. 학급담임은 미리미리 계획을 세우고, 머릿속에 학급경영의 틀(프레임)을 그려 놓고 있어야 학급에서 벌어지는 일을 여유

있게 처리할 수 있습니다. 그렇지 않으면 사안이 생길 때마다 일 처리에 코가 꿰어 정신없이 쫓아다니게 되고, 급박한 상황에서 신중하게 생각할 여유가 없어, 일을 되는대로 마무리하는 데 급급해집니다.

시테크를 살펴봅시다. 중요하면서도 긴급한 일을 우선으로 해야 합니다. 일에 접근할 때 중요도를 따져 보는 습관을 들이는 것이 좋습니다. 중요한 일이란 장시간에 걸쳐 여러 부문에 영향을 끼치는 일입니다. 오전 시간에는 허드렛일이나 잡무를 하지 않고 수업 연구나 새로운 아이디어의 문서화Documentation에 집중하는 것이 좋습니다. 출근 후 불요불급한 일이라면 오전에는 공문을 열지 않는 것도 훌륭한 시테크입니다. 허드렛일이나 잡무는 집중력이 다소 떨어지는 오후 늦은 시간에 합니다. 늘 닥쳐오는 일이 반드시 중요한 일은 아닐 수 있습니다. 중요한 일에 먼저 집중하는 것이 최고의 시테크입니다. "필요가 중요를 넘보지 못하도록 저항하라."라는 말을 마음속에 새겨 두는 것이 좋겠습니다.

요즘은 학급담임이 해야 하는 업무 처리를 굉장히 효율적으로 도와주는 프로그램이 많습니다. 설문 조사 프로그램, 메모 프로그램, 클라우드와 같은 프로그램이 꽤 쓸 만한데, 평소 교사가 직접 일일이 작업해서 처리하는 단순 반복 업무를 편리하게 정리해 주는 프로그램을 활용하는 방법입니다. 이렇게 시간을 아끼면 그만큼 교사는 학급과 수업운영에 집중할 수 있습니다. 전문가처럼 IT에 대한 이해도가 높지 않아도 쉽게 사용법을 익힐 수 있는 프로그램들이 많으니 꼭 배워서 시테크에 활용하면 좋겠습니다.

사회가 학교에 요구하는 것이 점점 많아지는 것은 세계적인 추세라고 합니다. 교직은 점점 더 바빠질 것입니다. 그러므로 시테크가 절실하지요.

교재 연구의 시테크

겨울방학 중에 1년 치 교재 연구를 미리 해 두면 1년이 여유롭습니다. 미리미리 준비하는 교재 연구의 시테크를 설명해 보겠습니다.

① 뼈대부터 세우자

집을 지을 때 1층 다 짓고 따로 2층을 올리는 게 아니라 먼저 건물의 뼈대부터 세웁니다. 교재 연구도 마찬가지로, 교과서 한 권의 짜임새와 흐름부터 파악하는 것이 좋습니다. 완벽하게 1과만 준비하는 것보다 전체 단원에 해당하는 학습지를 얼기설기하게라도 골고루 만들어 두는 편이 바람직합니다. 전체 개요를 알면 일단 심리적으로 편안해지고, 단원의 연계성도 파악됩니다. 또한 큰 틀을 미리 그려 두면 시간이 지나면서 빈 곳을 채울 정보나 아이디어도 떠오르곤 합니다.

전 단원을 살피는 균형 감각이 중요합니다. 자신이 하고 싶은 부분을 더 풍성하게 만들고자 하는 마음이 들기 마련이지만 이를 냉정하게 뿌리쳐야 합니다.

② 검색은 나중에

자신 있는 자료부터 먼저 만들고 검색은 나중에 합니다. 인터넷에는 자료가 그야말로 무궁무진합니다. 급한 마음에 검색부터 하다가는 컴퓨터 앞에서 온종일을 보내고도 무엇을 했는지 모르는 경우가 생깁니다. 그러니 가지고 있는 자료로 먼저 수업안을 짜고 학습지를 만든 뒤에 검색을 하도록 합니다.

③ 틀과 내용의 변증법

틀부터 완벽하게 다 만들려고 하면 한도 끝도 없습니다. 엉성하더라도 전체 틀을 짠 뒤에 내용을 하나하나 채워 가며 다시 틀을 수정해 나가는 것이 좋습니다.

④ '저장' 생존

저장하는 자만이 살아남습니다. 공들여 만든 자료를 클릭 한 번 잘못하여 날리는 경험을 누구나 해 보았을 것입니다. 한글 자료의 경우 '환경 설정'에서 '자동 저장'은 필수입니다. 컴퓨터 오류에 대비해

작업하는 중간중간 '저장하기'를 누르는 습관도 들여야 합니다. 또한 원자료는 원자료대로 시험 출제 시 지문에 사용하는 등 여러모로 쓸모가 있으니 따로 저장해 둡니다. 기껏 학습지를 만들어 놓고 출제할 때 지문을 못 찾아 당황하면 어쩌나요.

⑤ 나뉘면 망하고 나누면 산다

자료를 동료들과 나눕니다. 설령 동료가 미워서 그럴 마음이 안 생겨도 아이들을 위해, 더 나아가 나 자신을 위해 나눕니다. 동료 때문에 학교가 안 좋은 소리를 들으면 그건 곧 나의 교직 생활에도 영향을 끼칩니다.

⑥ 수업이 곧 삶이다

수업 교재에 나의 삶을 담아 잠재적 교육과정에 도움이 되도록 하고, 아이들의 삶을 담아 아이들이 이 수업이 자기 삶의 일부라고 느끼도록 합니다.

⑦ 백문이 불여일견, 천문이 불여일 '동'

말로 하는 설명보다 동영상 자료가 있으면 최대한 활용해서 배경 지식을 늘려 줍니다. 디지털 세대 아이들의 학습 스타일을 부족함 없이 배려하도록 합니다.

방학에 미리 준비해야 일류

3월이 오기 전에 준비할 일이 많습니다. 3월이 씨 뿌리는 시기라면 1월, 2월은 1년 계획을 세우고, 무엇을 준비할지 정하고, 씨 뿌리는 날을 준비하는 기간이지요. 농사에서 씨 뿌리는 일은 무엇보다 중요합니다. 하지만 씨를 뿌리기 전, 땅을 고르고 메마른 땅이라면 거름도 주는 준비를 해야지요.

어떻게 1년 농사를 지을지 뚜렷한 계획 없이 씨만 뿌린다고 농사가 잘될 리 없습니다. 씨를 뿌려 농작물을 기르고 거두는 1년이라는 기간 동안 아무런 문제가 없을 것이라는 막연한 기대로 좋은 결과를 기대한다면 요행을 바라는 것과 무엇이 다를까요?

3월에 씨를 뿌리면서 미리 해 뒀어야 할 이런저런 준비까지 하자면 정신을 차리지 못할 만큼 바쁩니다. 그래서 시간의 여유가 있는 1~2월에 교재 연구도 하고 학급경영에 대해 고민도 하면서 미리 준비할 수 있는 부분을 차근차근 챙겨 두어야 합니다.

교사가 1월, 2월에 준비를 하려면 학교도 일찌감치 업무 분장과 가르칠 학년, 담임 학급을 정해야 합니다. 겨울방학인 1월, 2월에 준비하면 일류, 3월에 새 학기 시작하고 준비하면 이류, 1과, 2과 닥쳐서 그때그때 준비하면 삼류가 된다고 생각합니다.

02 ▶

요즘 아이들과
학부모들의 특징

학급담임은 학생과 학부모의 성향과 욕구에 대해 잘 알고 있어야 합니다. 그들에게 필요한 부분을 채워 줄 때 비로소 학급담임은 전문가로 인정받을 수 있습니다. 막연하게 '내가 열심히 하면 우리 반 아이들과 학부모들이 알아줄 거야.'라고 생각하는 것은 낭만에 불과합니다. 자칫 잘못하면 학급경영의 주도권을 학생이나 학부모에게 넘겨주고 끌려다니게 될 위험성이 있어요. 학생이 학급의 주인으로서 주도적으로 활동할 기회를 마련해 주어야 하지만 학급의 큰 그림은 학급담임이 그려 놔야 합니다. 학생들에게 해도 좋은 일과 해서는 안 되는 일을 구분하여 알려 주고, 학생들이 자유롭게 활동하면서 성장할 수 있도록 다양한 기회를 제공하는 것 역시 학급담임의 역할입니다.

요즘 아이들의 특징

교사들은 요즘 아이들을 이해하기 힘들다는 말을 자주 합니다. 지금 학교를 다니는 학생들 세대는 기성세대와는 매우 다른 성향을 띠고 있습니다.

기성세대와 뚜렷하게 구별되는 요즘 아이들의 특징을 일곱 가지로 정리해 보겠습니다.

① 스마트폰 없이는 못 살아요

요즘 청소년들은 태어날 때부터 인터넷이 있었습니다. 또 어렸을 때부터 스마트폰을 사용한, 이전에는 없었던 특별한 세대입니다. 스마트폰 압수가 청소년들에게 가장 심한 벌이라고 꼽힐 만큼 요즘 청소년들은 스마트폰을 자기 몸의 일부처럼 소중하게 여기는데, 이는 스마트폰을 통해 전 세계와 연결되어 소통하기 때문입니다.

음식이 나오기까지 기다려야 하는 식당 같은 장소에만 가도 아이들이 얼마나 어렸을 때부터 스마트폰에 노출되는지 쉽게 볼 수 있습니다. 그렇게 시끄럽게 소리 지르고 짜증 내던 아이들도 스마트폰으로 영상만 틀어 주면 금세 조용해져서 몇 시간이고 빠져들곤 합니다. 스마트폰 사용이 얼마나 익숙한지 요즘 어린아이들에게 책을 주면 책장을 펼치는 것이 아니라 스마트폰이나 태블릿 PC의 잠금 화면을 해제할 때처럼 자연스럽게 손가락을 책 위에다 대고 미는 모습을 보인다고 합니다.

요즘 아이들은 재미의 욕구를 채우기 위해 끊임없이 인터넷 세계를 유랑하면서 스스로 콘텐츠를 선택하는 것이 익숙한 세대입니다. 이 과정에서 다른 사람들과 늘 연결되어 소통하는 것은 너무나도 자연스럽고 당연한 현상입니다. 또한 스마트폰의 영향으로 요즘 아이들은 다양한 일을 동시에 처리하는 능력이 뛰어나며 신속한 반응을 추구합니다.

② 노잼은 참을 수 없어요

요즘 아이들에게 '재미'는 삶의 가장 중요한 요소입니다. 친구와 노는 것도 재미가 중요하고 공부도 재미가 있어야 하고, 어떤 일이든 재미의 요소가 포함되어 있어야 합니다. 게임, 유튜브, 페이스북, 틱톡 등 자기 손가락으로 재미를 찾는 것이 너무나도 익숙한 아이들은 끊임없이 재미를 찾아 돌아다닙니다. 콘텐츠의 성공 여부는 얼마나 재미있느냐에 달려 있습니다. 재미가 없다면 언제든지 쉽고 편리하게 다른 콘텐츠를 찾아서 넘길 수 있습니다. 재미는 충분조건이 아니라 필요조건입니다. 그렇기에 아이들의 행동에서 중요한 것은 첫째도 재미, 둘째도 재미입니다.

아이들에게는 재미없는 것처럼 곤혹스러운 것도 없습니다. 아이들은 진지한 것을 너무 버거워합니다. 한번은 "선생님, 아무개는 영어 시간에만 공부해요."라고 해서 놀랐습니다. 졸려서 자는 게 아니라는 뜻이겠죠. 그래서 "어떤 시간에 자니?"라고 물으니 "'진지충' 시간이요."라고 답해서 충격을 받았습니다. 학교 밖에서 능동적이고 활발하게 재미를 찾아 누리고 있는 아이들이 학교에 오면 재미있게 할 수 있는 일이 별로 없습니다. 수업 시간에는 "자리에 앉아요.", "떠들지 마세요.", "움직이지 마세요." 등등 '~ 하지 마.'라는 말로 제한을 당하고, 밖에서 자유롭게 했던 행동도 통제가 되어 교사가 '~ 해.'라고 할 때만 움직일 수 있는 갑갑한 상황이 펼쳐집니다.

이렇게 학교 안과 밖에서 허용되는 행동 폭의 차이가 너무나도 크다 보니 아이들은 '학교는 답답한 곳'이라는 생각을 많이 합니다. 다소 뻔하고 지루할 수도 있는 학교생활에서 재미의 요소를 찾아 아이들이 경험할 수 있도록 해 주는 것이 학급담임의 업무 중 매우 중요한 일이라 할 수 있습니다. 우리나라 학생의 자살이 3월에 가장 많이 일어나고, 일주일 중 월요일에 가장 많다는 것이 어떤 의미인지 깊이 생각해 봐야 할 것입니다.

그냥 보기에는 아무것도 아닌 일을 찾아 거기에 재미를 붙이게 하는 것이 교사의 능력입니다. 『톰 소여의 모험』에서 톰이 울타리에 페인트칠하는 귀찮은 일을 재밌는 놀이로 둔갑시켜서 처음에는 놀리던 친구들을 설득해 일을 시키고 돈까지 받아 낸 장면을 기억하시나요? 이처럼 별것 아닌 일에도 의미를 부여하고 그 안에서 재미를 찾게 만든다면 아이들은 선생님이 시켜서 하는 일이 아니라 즐겁고 재미있는 일로 인식하고 스스로 척척 하게 됩니다.

③ 내가 가장 소중해요

요즘은 자녀가 한두 명인 가정이 많아서, 아이를 여럿 낳아 기르던 과거보다는 부모들이 상대적으로 아이들에게 더 많이 신경을 쓰고 잘 돌봐 주는 편입니다. 기성세대의 부모들은 먹고사는 문제에 급급해서 자녀들에게 어떤 문제가 있는지 확인하고 돌봐 줄 여건이 안 되었고, 설령 알았더라도 해결해 주기 어려웠기 때문에 아이들이 스스로 알아서 자기 인생의 길을 개척해야 했습니다.

그러나 요즘 10대들의 부모는 아이들에게 관심이 많고, 이전 세대 부모보다 아이들과 훨씬 가까운 관계를 유지하고 있습니다. 권위적인 부모보다는 친구같이 가까우면서 편한 관계를 선호합니다. 지금 청소년들의 부모들이 성장할 당시에는 사회 분위기가 매우 경직되어 있었고 그들의 부모 세대도 상당히 권위적인 경우가 많았던 터라 자신이 누리지 못했던 것을 자녀에게는 해 주고 싶은 마음이 큰 것이지요. 그래서 민주적인 분위기에서 아이들을 양육하고자 합니다.

이런 분위기에서 자란 요즘 아이들은 자기 생각을 자유롭게 표현하고, 부모들에게 원하는 것을 요구하고 얻어 내는 것이 익숙하고 자연스럽습니다. 부모들도 할 수 있는 한 아이들이 원하는 것을 들어주려고 하니까 어떻게 보면 아이들은 어른이 자기에게 잘해 주는 것을 너무나 당연하게 여기기도 합니다. 어렸을 때부터 하고 싶은 것을 하면서 존중받고 사랑받으며 크는 아이들은 자신을 소중하게 생각하고 스스로에 대한 평가가 높습니다. 때문에 다른 사람이, 설령 그 사람이 어른일지라도 자기에게 함부로 대하면 참지 않습니다. 자기 인격이 폄하되었다면 참지 않고, 자신의 가치를 되찾으려고 합니다.

④ 할 말은 해요

요즘 아이들은 자기주장이 굉장히 강합니다. 자기주장을 피력하는 데 있어서 스스럼이 없고 적극적으로 의견을 제기합니다. 모든 학생들에게 자기 의견을 말해 보라고 한다면 아마도 교실은 카오스 상태가 될지도 모릅니다. 하지만 이러한 모습은 자기가 좋아하고 싫어하는 것을 분명하게 표현하고 자신을 솔직하게 보여 주는 바람직한 부분이라고 생각합니다. 학생들의 이러한 특징을 학급경영에 적극적으로 활용한다면 굉장히 민주적인 분위기를 만들 수도 있습니다. 어떠한 일에 대해 자기 생각을 거침없이 개진하기 때문에 선생님이 보기에 '지나치지 않나?'라는 생각이 들 정도일 때도 있을 것입니다. 하지만 미래 사회에서 활동할 우리 아이들은 자기 의견을 솔직하게 얘기하고 다른 사람의 의견도 열린 마음으로 받아들이면서 차이의 간극을 좁혀 나가는 일을 능숙하게 해내야 합니다.

⑤ 인성이 중요해요

아이들은 정직과 도덕성을 중요하게 생각합니다. 요즘 아이들이 흔히 쓰는 말 중에 '인성 보소!', '인성 천재'라는 말이 있습니다. 유행어처럼 무턱대고 하는 말이 아니라 아이들은 실제로도 일상생활에서 인성을 중요하게 생각합니다.

또 설사 자기들은 그렇지 못할지라도 자기들을 지도하는 어른들에게는 높은 도덕적 잣대를 가져다 대기도 합니다. 어렸을 때부터 자기 의견을 자유롭게 제시하고 요구 사항을 부모님이 받아들이게끔 하는 등 민주적인 분위기의 가정에서 성장한 요즘 아이들에게 어른들이 스스로는 그렇지 않으면서 자기들에게만 도덕적인 행동을 요구하면 굉장한 반발을 불러일으킵니다.

요즘에는 젊은 세대가 사회에 커다란 변화를 불러일으키는 핵심적인 역할을 해내는 경우를 종종 볼 수 있는데, 이는 높은 도덕적 기준을 가지고 있는 요즘 세대들이 자기 주위에서 일어나는 사회적 불의를 참지 않고 바꾸려고 노력한 결과라고 볼 수 있습니다. 예를 들면 공관병 출신으로 사령관 공관에서 받았던 여러 불합리한 '갑질'을 고발한 20대 청년의 경우가 그렇고, 촛불 시위에 불을 당긴 이화여대 학생들의 경우가 그렇습니다. 또 최근에 '버닝썬'이라는 판도라의 상자를 연 젊은 청년의 경우도 그렇지요.

⑥ 시키는 대로 하지 않아요

요즘 아이들은 자기의 생각을 자유롭게 표현하는 것이 너무나도 당연해서 어른이든 누군가가 어떤 일을 시킬 때 이유나 자세한 설명도 없이 "그냥 시키니까 해."라고 말하는 것을 잘 받아들이지 않습니다. 어른이 시키는 것이 왜, 어떻게 자기에게 도움이 되는지 이해되지 않은 상태에서는 대부분의 아이들이 "왜요?"라고 아무렇지 않게 질문을 던지는 모습을 쉽게 볼 수 있습니다. 그렇기에 아이들과 대화할 때에는 무엇인가를 억지로 하라고 시키기보다는 그것을 했을 때 아이에게 어떻게 도움이 되는지 차근차근 설명해 주고, 마지막에 스스로 선택하도록 이끌어 주는 것이 현명합니다.

"이것을 하면 이런 좋은 점이 있는데, 선택은 너의 몫이야."라는 식으로 설명에 이어 선택권을 주는 메시지를 전달하면 아이들은 자기가 스스로 생각해서 선택하는 것은 물론이고, 신기하게도 스스로가 내린 선택에 최선을 다합니다.

부정적인 행동을 지도할 때에도 마찬가지입니다. 학생의 도덕성을 지적하면서 "그렇게 하면 예절이 없는 학생이다."라고 깎아내리기보다 "이런 행동을 하면 이런 결과가 따르고 이런 책임을 져야 하는데, 넌 어떻게 할래?"라고 학생이 한 행동의 결과가 구체적으로 어떤 식으로 나타날 수 있는지 자세하게 설명해 주고, 선택의 공과 책임을 아이에게 던집니다. 그러면 아이는 스스로 결정을 하고 그 결정에 조금 더 책임감을 느끼게 됩니다. 더 나아가 나중에 실제로 문제가 생겼을 때에도 교사는 사전에 안내한 대로 사안을 처리하면 되기 때문에 서로 감정을 상하지 않고 낯선 행동의 처리와 행동 개선 업무에만 집중할 수 있어 좋습니다.

⑦ 우린 쿨해요, 인정할 건 인정한답니다

우리 속담에 "사촌이 땅을 사면 배가 아프다."라는 말이 있는데, 그러한 표현이 요즘 우리 아이들에게는 다소 어울리지 않는 것 같습니다. 다양한 가치관과 능력을 자연스럽게 인정하는 세대라서 친구가 잘하는 것이나 친구의 재능을 진심으로 인정하고 칭찬하고 좋다고 이야기합니다. 이런 아이들의 모습은 정말이지 솔직하고 멋있을 뿐 아니라 오히려 어른이 배울 점이라고 생각합니다.

이처럼 친구의 재능을 인정하고 칭찬하는 데 솔직하고 자연스러운 아이들이라 교사가 학생의 뛰어난 재능을 다른 학생들에게 보여 주는 반 분위기를 형성한다면 학생들은 자연히 서로를 인정하며 존중하는 데 익숙해질 것입니다. 이를 통해 학교 폭력을 예방하는 열쇠를 찾을 수도 있겠지요.

요즘 학부모들의 특징

담임교사가 학교에서 학생들을 돌보는 데 있어서 학생들만큼, 어쩌면 그 이상으로 중요한 부분을 차지하는 것이 학부모입니다. 요즘 학부모들의 특징을 잘 이해하고, 교사와 학부모 사이의 관계를 돈독하게 다져 나가야 학급담임으로서 맡은 일을 무리 없이 수행할 수 있습니다.

① 민주적 성향과 혼란

요즘 청소년들의 부모는 굉장히 민주적인 편이며, 자녀들을 친구처럼 가깝게 대하고, 자녀들의 요구를 적극 수용하는 편입니다. 본인이 청소년이었을 때는 사회가 경직되어 있었던 데다 매사 성적 위주이고 체벌을 당연하게 받아들이던 시대였기 때문에 상처가 많습니다. 이런 고리를 끊고 되풀이하지 않기 위해 아이가 원하는 것을 들어주고, 되도록 체벌하지 않고 민주적으로 대하려고 노력하는 부모들이 많은 것이지요. 그러니 아이들 또한 부모를 편하게 생각하고 스스럼

없이 행동합니다.

부모를 잘 따르던 아이도 사춘기가 되면 달라진 모습을 보이곤 합니다. 이럴 때 많은 부모들이 당황하며 아이의 나쁜 태도를 고치겠다면서 갑자기 엄격한 잣대를 들이대기도 합니다. 그러다 보면 아이들은 "아, 이제까지 가만히 내버려 뒀는데 왜 갑자기 귀찮게 잔소리를 하는 거야!"라며 대들어서 부모와 충돌을 빚고 서로 속앓이를 하게 됩니다. 이렇게 엄격한 전통적인 부모와 친절한 친구 같은 부모 사이에서 학부모들이 갈피를 잡지 못하고 혼란스러워하는 경우가 많습니다.

② 우울증을 앓는 학부모들

우리나라는 OECD(경제협력개발기구) 가입국 중 자살률이 1위입니다. 우울 지수가 매우 높은 나라죠. 2016년 기준으로 성인 100명 중 5명은 평생 한 번 이상 우울증을 앓는다고 합니다. 이는 교사들이 대하는 학부모들 중에도 우울증을 앓고 있는 분들이 있다는 이야기입니다. 학생들이 낯선 행동을 하는 데에는 우울증을 앓고 있는 부모의 영향이 매우 클 수 있습니다. 학급담임은 이런 상황을 빠르게 인지하고, 학생들의 낯선 행동을 해결할 때 부모의 도움을 받지 못할 수 있다는 사실을 인정해야 합니다. 학생에게 문제가 있어서 부모에게 알려야겠다는 좋은 마음으로 연락을 했을 때 부모가 교사에게 화를 내고 폭언을 퍼붓는 등 전혀 예상치 못한 일을 겪을 수 있는데, 이는 부모에게 정신적 어려움이 있기 때문일 가능성이 있습니다.

교사는 아이에게 문제가 생겼을 때 연락하기보다는 아이에게 긍정적 변화가 있을 때 이를 알린다는 사고의 전환이 필요합니다. 이렇게 세심한 노력을 기울이면 아이는 물론이고 부모의 자존감도 높아져 우울감 치유에 긍정적 영향을 줄 수 있기 때문입니다.

③ 몬스터 페어런츠

교사들이 요즘 학교생활을 힘들게 하는 요인으로 꼽는 두 가지 큰 가지가 있습니다. 하나는 학생들의 낯선 행동이고, 또 하나는 학부모들의 민원입니다. 요즘 부모들은 자기 아이에게 피해가 가는 것을 원천 봉쇄하며, 조금이라도 그런 모습이 보이면 적극적으로 교사에게 민원을 제기하는 경우가 많습니다. 어느 학생이 교내 흡연으로 적발되어 선도 처분을 내리려 하자 학부모가 "교사들도 목공실에서 담배 피우지 않았느냐? 그분들도 징계해라."라고 요구해 학교가 당혹스러워했던 사례가 있습니다. 이러한 행동은 평소 학교에 대한 신뢰가 부족하기 때문인데, 학부모들이 보냈던 학창 시절에서 크게 기인하기도 합니다. 그들이 학교에서 청소년 시기를 보냈던 때는 성적 제일주의를 내세우던 분위기였고, 아이들을 평등하게 대하지 않는 교사들도 다수 존재했습니다. 조금이라도 어긋난 모습을 보이면 강력한 체벌이 이루어지기도 했습니다.

특히 주목할 점은 낯선 행동을 많이 하는 아이의 경우 아이의 부모들이 학창 시절에 상처를 받은 경험이 있는 사례가 많다는 논문이 다수라고 합니다. 그런 피해 의식 때문에 본인들의 자녀 문제에 두 팔 걷어붙이고 나서는지도 모릅니다.

'디지털 혁명'이라고까지 일컬어지는 디지털 생활환경의 급격한 변화가 신세대와 기성세대 사이의 간격을 더욱 넓히고 있습니다. 교사는 이들 고유의 특성을 이해하고, 이들이 마음껏 능력을 펼칠 수 있는 새로운 토대를 마련해 주어야 합니다.

교사는 재미를 추구하고 할 말은 하는 아이들의 성향을 잘 파악해 그러한 특성이 창의성으로 꽃필 수 있게 도와야 합니다. 또 도덕성을 중요하게 여기는 성향에 맞추어 아이들과 함께 규칙을 만들고, 그 규칙에 근거해 학급을 운영해 나가야 합니다.

디지털 세대의 특성에 맞게 교실이라는 오프라인 공간은 물론 다양한 온라인 수단을 활용한 상시적인 소통으로 학생들이 학교생활에 자발적으로 '참여'하고 '소통'하면서 자존감과 소속감을 갖도록 돕는 것이 교사의 역할입니다. 물론 학부모와도 온라인으로 지속적으로 소통하는 것이 중요합니다.

03 ▶

아이들을
대하는
마음가짐

많은 교사들이 기본적인 생활 습관이 전혀 잡혀 있지 않고 당연하다고 생각하는 것들이 당연히 이루어지지 않는 학생들의 모습을 보면서 뒷목을 잡을 때가 한두 번이 아닙니다.

부모의 가치관이 다양하다 보니, 자녀들의 훈육을 가볍게 여기는 가정도 있고, 가정이 처한 상황에 따라 보호자가 자녀들을 돌보기 어려울 때도 있어서 예전 같았으면 당연히 갖추었을 여러 가지 인성 덕목이 부족한 아이들이 너무 많습니다. 이럴 때마다 속상해하고 답답해하면서 아이들을 꾸중하면 아이들과의 관계가 흐트러지고 아이들 역시 성장할 기회를 놓치게 됩니다.

'문제' 행동이 아닌 '낯선' 행동으로 받아들이기

"○○ 때문에 정말 너무 화가 나 미치겠어. 걔는 왜 그러는지 모르겠어."라는 말을 주변 선생님들에게 한 번쯤은 들어 보았을 것입니다. 이렇게 갈등을 빚으면서 아이들과 교사는 서로 등 돌리는 사이가 되어 갑니다. 하루에도 여러 번 마주쳐야 하는 사이가 이렇게 적대적이라면 서로에게 얼마나 스트레스일까요? 좋은 방법이 없을까요?

아이들을 대하는 마음가짐 중 가장 먼저 이야기하고 싶은 것이 바로 '낯선 행동'이라는 개념입니다. 2015년부터 '문제 행동' 대신에 '낯선 행동'이라는 말을 쓰기 시작했습니다. '문제 행동', '문제아'라는 말에 담긴 낙인찍기와 부정적 편견을 바꾸어 보고 싶어 생각해 낸 개념입니다. 교사를 당황하게 하는 학생들의 행동을 문제 행동이라고 여기면 그 학생을 부정적으로 바라보게 되고, 잘못된 행동을 야단쳐서 고쳐야 한다는 생각에 머무르기 쉽습니다. 하지만 '낯선 행동'이라고 여기면 학생이 왜 그런 행동을 하는지에 초점을 맞추게 되고, 학생에게 필요한 도움이 무엇인지를 먼저 고민할 수 있지요. 관점과 시선을 바꾸면 아이들의 행동도 다르게 보입니다.

학생들이 교사의 기대에 어긋나는 행동을 할 때, 교사의 마음을 아프게 할 때, 그들의 행동에 도덕적 판단을 내리기 이전에 '낯선 행동'이라고 받아들이려는 마음가짐을 가져야 합니다. '아, 낯선 말을 하네.', '어, 이상하게 행동하네.'라고 생각하면 그런 말과 행동을 하는 아이에게 화를 멈추거나 낮출 수 있습니다.

낯선 행동을 하는 아이는 교사를 괴롭히는 아이가 아니라 교사의 도움이 그 누구보다 절실한 아이라는 관점의 전환이 필요합니다. 아이들의 낯선 행동은 교사의 도움으로 충분히 개선될 수 있습니다. ADHD 전문가인 러셀 바클리는 "가장 사랑이 필요한 아이는 언제나 가장 사랑스럽지 않은 방식으로 사랑을 요청한다."라고 말합니다.

멀리 내다보고 기다려 주기

아이들과 이야기를 나누다 보면 당시에는 굉장히 잘 이해하고, 곧바로 행동에 옮길 것 같은 결의를 보여 놓고선 막상 어떤 상황이 닥치면 또다시 낯선 행동을 하는 경우가 있습니다. 아이들이 보이는 이러한 행동의 괴리는 아이들이 거짓말쟁이여서 일어나는 일이 아닙니다. 어른스럽게 다짐한 그 당시에 실제로 아이들은 '앞으로는 잘해야지.'라는 생각으로 말을 하지만 정작 어떤 상황에 부딪혀 결단력을 보여야 할 때 이전의 바람직하지 못한 모습으로 돌아가기 일쑤입니다. 이는 의지와 행동력이 부족하기 때문입니다. 이러한 모습을 아이들의 불완전한 모습이라고 이해하고, 꾸중하기보다 날씨도 비가 올 때 있고 맑을 때 있듯이 그저 변화가 심한 시기라고 받아들인다면 아이들을 대하는 마음이 한결 편하지 않을까 싶습니다. "오늘 어른스러운 행동을 한다고 그 아이가 어른인 것도 아니고, 오늘 어린아이처럼 군다고 그 아이가 영원히 아이 모습을 보이는 것도 아닙니다."

학생들을 대하다 보면 '이렇게 엉망진창인데 언제 철들어서 좋아질까?' 하는 생각이 들 때도 있습니다. 답이 너무나 명료해 보이는 상황에서도 이리저리 돌아가고 헤매는 아이를 볼 때면 어른의 입장에서 답답하고 걱정도 됩니다. 충고도 하고 때에 따라 꾸중도 하는데 좀처럼 변하지 않는 경우가 허다합니다. 그렇기에 때로는 한 발자국 물러서서 아이를 지켜보는 자세가 필요합니다. 아이들은 아직 경험이 많이 부족합니다. 스스로 길을 찾아내기까지 시간이 걸립니다. 어른들이 지름길을 안다고 해서 쉽게 안내하여 모든 문제를 해결해 준다면 아이들은 스스로 자기 길을 찾아 나설 기회를 잃을 수 있습니다. 또한 어른이 보기에 가장 좋은 길이 아이들에게도 좋은 길이 되리라는 보장도 없습니다. 아이들은 실수도 하고 엇나가기도 하면서 방향을 찾는 방법을 배우는 것입니다.

우후죽순이라는 말이 있지요. 몇 년 동안은 별다른 성장이 없던 대나무의 어린 싹(죽순)이 비가 온 뒤에 폭발적으로 자라기 시작해 불과 며칠 만에 기다란 대나무가 됩니다. 우리 아이들도 그렇습니다. 지금 보기에는 아무런 변화 없이 하루하루가 똑같은 것 같지만, 아이 속에서는 변화가 진행되고 있습니다. 어느 순간이 되면 이전 모습이 생각나지 않을 만큼 긍정적인 변화를 일으켜 성장합니다.

아이들의 예측할 수 없는 불완전성이나 도무지 변할 것 같지 않은 태도에 교사가 번번이 감정을 실어 출렁이기보다 한 걸음 물러나 조금 느긋하게 기다리면서 필요한 도움을 주려는 마음가짐이 중요합니다.

친절하지만 단호하게, 그리고 일관되게

교사는 학생들에게 기본적으로 친절한 태도를 가져야겠지만 수용할 수 없는 행동을 할 때에는 단호하게 지도해야 합니다. 단호한 지도란 교사의 컨디션이나 그때그때의 생각에 따르는 것이 아니라, 짜임새 있고 일관되게 학생들의 행동을 다룰 수 있는 시스템에 따른 지도입니다. 학생들의 행동에 일희일비하지 않고, 미리 정해 놓은 큰 틀에 기반을 두고 대응하는 것입니다. 이에 대해서는 2부 '실전' 편에서 자세히 살펴보도록 하겠습니다.

아이들을 인격적으로 인정한다는 것은 아이들에게 절대로 화를 내지 않는다는 것과는 다릅니다. 아이들에 대한 선생님의 믿음이 일관되기에, 아이들이 선생님의 믿음이라는 안정된 토대 위에서 행동함으로써 안정감을 찾아 간다는 이야기입니다. 아이들의 잘못된 행동을 지도하다 보면 선생님이 꾸중을 할 수도 있고, 화를 낼 수도 있습니다. 하지만 이 모든 것이 아이들의 발전 가능성을 믿고 지지하는 선생님이 하는 것이라야 아이들이 반발하지 않고 자기 잘못을 다시 한번 생각해 보고 반성할 수 있는 심리적 준비를 하게 됩니다. '선생님이 나의 행동을 꾸중하시지만 나를 미워하는 것은 아니다.'라는 믿음은 아이들에게 크나큰 안정감을 줍니다.

일관성이라는 것에는 특정 학생만을 예뻐하고 차별하지 않는다는 의미도 포함됩니다. 선생님도 사람인지라 결이 잘 맞는 아이들도 있고, 대하기 힘든 아이들도 있습니다. 아무리 조심한다고 해도 이런 부분이 보일 수 있는데, 이때 아이들은 누가 예쁨을 받고 누가 미움을 받는지 정말 빨리 파악합니다. 그리고 기억력도 얼마나 좋은지, 선생님이 자기에게 어떻게 했는지 시간이 흘러도 생생하게 기억합니다. 정서적으로 다소 불안정하고 예민한 시기이기 때문에 선생님의 말과 행동이 그렇게 크게 다가오는지도 모르겠습니다.

관찰의 달인, '적자'생존

교사는 관찰의 달인이 되어야 합니다. 아이들은 하루에도 몇 번씩 변화무쌍한 모습을 보이는데 그때마다 아이의 상태를 파악하려는 노력이 필요하니까요. 긍정적인 부분은 바로 알아차려서 칭찬하고, 부정적인 부분은 내용에 따라 조치를 하기도 하고 의도적으로 못 본 척 Planned Ignorance 하기도 해야 합니다. 아이들의 작은 변화를 눈치채고 알아주면 아이들은 담임교사가 자신에게 관심이 있다고 생각하고, 행동하는 데 있어서 조금 더 신경을 씁니다. 조금만 잘해도 자기를 알아봐주고 칭찬해 주는 선생님이 있다면 아이들이 조금씩 조금씩 노력하며 긍정적인 변화를 보일 것입니다.

담임은 평소 학생들의 행동을 잘 기록해 놓아야 합니다. '적어야 산다.', 즉 '적자'생존을 습관화해야 합니다. "기억은 지워지지만 기록은 영원하다."라는 말이 있습니다. 학생들을 다룰 때 교사는 늘 객관적인 자세를 유지해야 합니다. 학생에 대한 기록을 충분히 남겨 놓아야 나중에 객관적인 판단의 근거로 제시할 수 있습니다.

돌봄과 치유로 행복한 교실 만들기

일과 시간 내내 아이들과 접하는 시·공간이 바로 수업이며 학급입니다. 결국 수업 활동 과정에서, 그리고 학급운영을 통해 아이들에게 스스로 무언가 할 수 있는 역할이 있다는 자존감과 소속감을 느끼게 하는 기회를 만들어 주어야 합니다. 이는 아이들에게 협동하고 공유하며 다른 사람을 돕는 방법을 가르쳐 주어야 한다는 의미입니다. 이런 관점에서 학급운영 전략을 포함한 '참여 소통Participation and Communication' 교수·학습 활동을 해야 합니다.

또한 '훈육'하려는 마음으로 대하면 치유되지 않던 아이도 '돌봄'과 '치유'로 접근하면 훈육 효과를 거둘 수 있습니다. 같은 에너지를 들일 때 어느 쪽이 더 효율적인지 생각하면 답은 명쾌합니다.

낯선 행동을 보이는 학생은 가정에서 충분히 사랑을 받지 못하는 경우가 많습니다. 낯선 행동으로 반 아이들을 힘들게 했던 한 아이와 밥집에 가서 푸짐한 반찬에 따뜻한 밥을 먹고 산행에 나섰습니다. 모처럼 밥 같은 밥을 먹고 배가 두둑해진 아이가 산에 오르는 동안 마음의 빗장을 열고 묻지도 않았는데 속마음을 줄줄 이야기하더군요.

교사가 바뀌어야 학생이 바뀝니다. 학교가 행복해지면 사회가 행복해집니다. 교사는 학생이 반항하고 대든다고 생각하지만, 아이들은 자기 문제만으로도 절실하고 복잡해서 선생님을 공격하는 데 자기가 가진 에너지를 쓸 만큼 한가하지 않습니다. 교사에게 마음의 여유가 없으면 아이가 나를 괴롭히려고 학교에 다니는 것 같을 테지만, 관점을 바꿔 '아이들이 많이 아프구나!' 인정하면 갈등은 자연스럽게 해소됩니다. 아이들이 문제를 일으키는 건 사랑을 받고 싶어서지 잔소리를 듣고 싶어서가 아닙니다. 사랑에 목마른 그들을 시원하게 적셔 줄 사랑의 빗줄기는 무엇일까요?

04 ▶

온라인 학급경영 준비

온라인 수업 상황에서 담임교사는 그 어느 때보다 많이 애쓰고 있습니다. 학생들이 학교에 나오지 않으니까 하는 일이 별로 없을 것 같지만 절대 그렇지 않습니다. 직접 얼굴을 마주하고 이야기하면 쉽게 해결될 일도 온라인으로 하다 보면 더 많은 시간과 노력이 들어가기 일쑤입니다. 온라인 수업 상황에서 학급담임은 반 학생들의 수업 참여 체크를 주로 하고 있습니다.

마치 집사처럼 아침마다 학생들이 수업을 들을 준비가 됐는지 확인하고, 대답이 없는 학생들은 전화해서 깨운 뒤 수업 참여를 독려합니다. 그리고 일과 중에는 수업에 잘 참여하지 않는 학생들에게 또 전화를 해서 수업 들으라고 달래기도 하고 훈계하기도 합니다. 어떻게 보면 담임의 업무가 학생들의 수업 참여 독려에만 쏠리는 것은 아닌지 하는 우려도 듭니다.

소통의 선택권을 가진 아이들

학생들이 날마다 알아서 학교에 오니 학생들과 얼굴 보고 이야기하는 것이 당연했던 예전과는 달리, 담임교사가 적극적으로 노력하지 않으면 학생들과 소통하기가 쉽지 않습니다. 지금과 같은 온라인 수업 상황에서는 카카오톡과 같은 SNS 또는 전화로만 학생들과 소통할 수 있습니다.

온라인 수업 상황에서 선생님과 소통할지 말지 결정하는 선택권은 학생에게 있습니다. 선생님이 아무리 메시지를 보내도 학생이 답을 하지 않거나, 전화를 걸어도 전화를 받지 않으면 선생님의 노력은 물거품이 될 수밖에 없는 상황입니다. 참 진이 빠지는 일이죠.

하지만 우리가 담임으로서 해야 할 일을 잊어서는 안 됩니다. 온라인 수업이 이루어질 때도 담임의 업무는 변하지 않습니다. 우리 반의 학생이 학급의 일원으로서 잘 적응하고 반 친구들과 잘 지내게 도우며, 성장의 기회를 제공하고, 어려운 일이 있을 때 챙겨 주고 돌봐 줘야 합니다. 온라인 학급경영을 위해 가장 중요한 것은 학생들과 소통하려는 교사의 마음이라고 생각합니다. 우리가 그리워하는 일상이 무엇 때문에 그토록 소중했는지 곰곰 생각해 보면, 결국 사람들과의 만남이 있었기 때문인 것 같습니다. 사람을 만나고 싶을 때 만날 수 있었던 시기, 다시 말해 날마다 학교에 가서 친구들과 만나고, 이야기하고, 수업 듣는 일상을 그리워합니다. 긴 온라인 수업 기간이 지나고 다시 등교 수업을 했을 때 학생들의 표정과 말을 잊을 수가 없습니다. "학교에 너무 오고 싶었어요.", "선생님, 보고 싶었어요."와 같이 평소라면 쉽게 하지 않았을 말을 학생들은 진심을 가득 담아서 얘기했습니다.

마음을 전달하는 방법

이러한 일상을 회복할 수 있도록 학생들과 소통하고, 학생들끼리 서로 소통할 수 있게 해 준다면, 어떻게든 학생들에게 다가가려고 손 내미는 선생님의 마음이 전달되지 않을까요?

비대면으로 학생들과 소통해야 하니까 평소 학생들과 SNS 또는 전화로 적극적으로 소통하지 않았던 선생님들은 부담감을 느낄 수 있습니다. 물론 학생들과 소통하려면 필연적으로 갖추어야 하는 여러 가지 프로그램 사용법을 배우기가 쉽지는 않습니다. 교사마다 디지털 리

터러시가 다르기에 학생들과 소통하는 데 필요한 프로그램 사용법도 익혀야 하고 실제로 써 보면서 시행착오도 겪어야 합니다. 그러므로 '담임으로서 우리 반 학생들을 돌보고 챙기는 데 필요하다면 배워서 쓰겠다.'라는 선생님의 열린 마음과 다짐이 가장 필요한 것 같습니다.

인생 선배로서 보여 줄 수 있는 것들

또 한 가지 명심해야 할 것이 있습니다. 온라인 수업이라는 난생처음 겪는 이 혼란스러운 상황을 선생님들이 어떻게 헤쳐 나가는지 학생들은 지켜보고 있습니다. 우리는 단순히 교과 내용을 가르치는 지식 전달자가 아니라 '인생의 선배'로서 학생들에게 어떤 삶을 사는 것이 의미 있는지 보여 주는 인생의 본보기이기도 합니다. 현재 어려운 상황이지만 '해낼 수 있다.'라는 긍정적인 생각을 가지고 우리가 지금 할 수 있는 일부터 찾아서 시작하고, 필요한 것들을 시도해 보면서 문제를 극복해 나가는 과정을 학생들에게 보여 주어야 합니다.

학생에게 단순히 지식과 기술을 가르치는 데서 그치는 것이 아니라 삶을 살아가는 데 있어 중요한 가치관, 그리고 어려움이 왔을 때도 적극적·긍정적으로 문제를 해결하려고 하는 삶의 태도를 가르쳐야 한다는 측면에서 온라인 수업은 큰 도전이자 기회입니다. 학생들도 현재 상황이 쉽지 않다는 것을 잘 알고 있습니다. 난데없이 생겨난 감염병으로 너무나도 달라진 이 상황, 아직도 답을 찾지 못해 하루하루 버티고 있는 이 상황이 학생들도 두렵고 무섭습니다. 이때 어른으로서 우리가 어떻게 삶을 살아가는지 보여 주는 것이 우리가 가르치는 교과 지식보다 학생들의 인생에 더 큰 흔적으로 남을 수 있습니다.

제가 아는 선생님 중 연세가 지긋하신 선생님이 계십니다. 이 선생님의 디지털 리터러시가 높지 않아서 온라인 수업 상황에서 학생들과 소통하는 데 많은 어려움을 겪으시리라 생각했습니다. 실제로도 온라인으로 학생들과 소통하는 것이 익숙지 않아서 한참 고생하셨지요. 그럼에도 선생님은 포기하지 않고 학생들과 적극적으로 소통하려고 손을 뻗으셨습니다.

학급 반톡을 만들어서 학생들을 초대하고, 매일매일 해야 할 일을 알려 주고, 열심히 노력하는 학생들을 칭찬하고, 도움이 필요한 학생들은 따로 불러서 지도하셨습니다. 이렇게 열심히 노력하는 선생님을 보고 반에서 선생님의 마음을 이해하고 고맙게 생각하는 학생들이 생겼습니다. 아직 학생들끼리 얼굴도 제대로 못 본 상태에서 서로 돌보고 도와주려는 긍정적인 학급 분위기가 형성되었습니다. 이 선생님이 실수로 프로그램 설정을 잘못해서 안내 및 과제가 제대로 나가지 않을 때면 반 아이들이 먼저 선생님에게 연락해서 알려 주기도 합니다. 우리 반 담임선생님을 도우려는 학생들의 마음이 나타난 것이죠.

이런 것을 보고 '결국 온라인이나 오프라인이나 소통하는 방법은 같구나.'라는 생각을 하게 되었습니다.

온라인 수업 상황에서 담임 업무만 하는 것이 아니라 교과 지도도 해야 합니다. 생각만 해도 머리가 지끈지끈 아플 수 있는데, 지금 가장 중요한 것은 내가 할 수 있는 것부터 하나씩 차근차근 시작해 보겠다는 마음가짐입니다.

학급경영 업무 효율성 높이기

학급담임으로서 학급경영에 신경 써야 할 일이 한두 가지가 아닙니다. 그런데 학급담임에게 무엇보다 번거로운 일이 가정 통신문과 같이 자료를 주고받는 일입니다. 이를테면 학생들에게 회신문을 다음 날까지 가져오라고 했는데 잊어버리고 그냥 오는 경우, 다시 공지하고 챙기는 데 시간과 노력이 듭니다. 이런 소모적인 일을 최대한 효율성 있게 처리하고 여기서 확보한 시간을 학급 학생들을 돌보는 데 쓰는 것이 중요합니다. 그럴 때 이용하면 효율적인 도구 몇 가지를 소개합니다.

설문 조사 툴

1년에 학생들에게 전달되는 가정 통신문은 적어도 100여 건이 넘습니다. 가정 통신문 중 학부모의 의견을 받아 회신해야 하는 것들도 상당히 많은데 담임교사에게서 학생에게, 학생에게서 학부모에게, 다시 학부모에게서 학생에게, 학생에게서 담임교사에게 전달되는 일련의 과정에서 누락되기 십상입니다. 학부모에게 회신문을 받아서 결과를 정리해 관련 부서에 제출해야 하는 담임교사로서는 며칠이 지나도록 회신문을 가져오지 않는 학생들은 그야말로 밉상일 수밖에 없습니다. 학생은 학생대로 바쁘고 정신이 없어서 자꾸 깜박하는데, 담임교사가 꾸중하니 마음이 좋을 리 없습니다. 학부모들도 아이가 가정 통신문을 가져오지 않으니 딥딥하긴 마찬가지입니다. 너무 답답한 나머지 가정 통신문을 가져올 때마다 용돈을 얼마씩 주기로 했다는 가정이 있을 정도이니 가정 통신문 때문에 모두가 괴로운 상황입니다. 이럴 때 어떻게 하면 좋을까요?

학생들을 거치지 않고 학부모들에게 직접 가정 통신문을 전달하고 회신문을 받는 것이 가장 좋은 방법입니다. 요즘은 네이버나 구글에서 제공하는 설문 조사 도구가 잘되어 있어서 활용하면 매우 편리합니다.

교사는 학부모에게 직접 전달하고 결과를 파악할 수 있어서 좋고, 학생은 신경 쓰지 않아도 되어서 좋고, 학부모는 놓치는 정보 없이 편하게 확인하고 회신할 수 있어서 좋습니다.

| 만드는 방법 |

설문 조사 툴을 만드는 방법은 포털 사이트에서 '구글 설문' 또는 '네이버 폼'으로 검색하면 자세히 나옵니다.

1. 구글 문서를 활용해 양식을 만들고 양식에 대한 링크 주소를 만듭니다.
2. 만든 링크 주소를 QR 코드로 변형시킵니다. (http://qr.naver.com 활용)
3. QR 코드를 스크린에 띄우면 구성원들이 QR 코드 앱을 활용해 스마트폰으로 사진을 찍어 링크 주소로 이동해 설문을 완료합니다.
4. 구글 드라이브에서 설문 결과를 파일로 받아 이를 편집합니다.

메모 어플

하루하루 바쁜 일과 중에 학생들, 학부모들과 문자 또는 SNS로 소통해야 할 일이 많습니다. 주로 반 전체 학생들에게 알려 주어야 하는 공지 사항과 학부모들에게 안내하는 내용인데, 이런 내용을 일일이 스마트폰에 입력하면서 대응하다 보면 손과 목, 눈이 굉장히 피로할 수 있습니다. 컴퓨터로 입력하는 것이 상대적으로 편리하므로 컴퓨터 자판으로 내용을 입력한 다음 스마트폰으로 동기화해서 스마트폰에서 바로 복사해 사용하면 내용 입력에 대한 부담을 크게 줄일 수 있습니다.

구글 킵, 네이버 메모, 에버노트 등을 추천합니다.

| 사용 방법 |

1. 컴퓨터에 해당 서비스로 로그인합니다.

2. 스마트폰에 해당 서비스 애플리케이션을 설치한 다음 로그인합니다.

3. 컴퓨터에서 텍스트를 입력해 스마트폰 앱으로 동기화합니다.

4. 앱에서 복사해서 문자나 SNS로 보냅니다.

클라우드 자료 보존

선생님들이 해마다 학생들과 했던 활동들은 사진, 영상, 문서로 기록해서 꼭 자료로 남겨 두는 것이 좋습니다. 새해가 되어 새롭게 만난 학생들과 전년도에

했던 활동을 하려고 할 때, 이런 활동을 해 본 적 없는 학생들이라면 어색하고 다소 저항감이 들 수 있는데, 이때 전년도 활동 자료를 보여 주면서 설명하면 크게 도움이 됩니다. 본래 계속해 왔던 우리 반의 문화라고 설명하면서 자료를 보면, 학생들은 자연스럽게 선생님이 만든 학급 문화의 프레임으로 들어오게 됩니다. 최고의 설득 방법은 쌓아 온 자료를 보여 주면서 설명하는 것입니다. 이렇게 하면 학생들을 자연스럽게 그 분위기 속으로 이끌 수 있습니다.

이런 자료를 저장할 때 클라우드 서비스를 활용하면 매우 편리합니다. 잃어버릴 일도 없고, 영구적으로 보존할 수 있습니다.

학급 앨범

학생들의 활동 모습이나 생활 모습을 그때그때 사진으로 남겨 놓는 것은 의미가 많습니다. 지금 당장은 아니더라도, 시간이 한참 지나 그 당시의 자기 모습을 보고 싶어 하는 학생들이 더러 있어서 사진을 보내 줬던 경험이 여러 번 있습니다. 또 그날그날 찍은 학생들 사진을 학부모 SNS로 전달하기도 하는데, 이때 사진 관리를 좀 더 편하게 할 수 있는 방법을 한 가지 소개할까 합니다.

| 구글 포토를 이용해 학급 앨범 만드는 방법 |

https://photos.google.com/에 들어가면 사진을 올리고 앨범을 만들 수 있습니다. 먼저 앨범에서 링크를 생성해서 공유합니다. 그 링크 주소만 있으면 앨범으로

사진이 업로드될 때 자동으로 앨범에 채워지기 때문에 사진을 주고받을 필요가 없습니다. 그리고 앨범에 글 상자를 넣을 수도 있어서 행사별로 구분하기도 편리합니다.

또 다른 사용자도 사진을 올릴 수 있게 권한을 부여하면 우리 반이라면 누구든지 참여할 수 있는 공유 학급 앨범을 만들 수 있습니다.

심리학자 알프레드 아들러^{Alfred Adler}는 낯선 행동이 자존감^{Self-esteem}과 소속감^{Belongingness}의 결여에서 비롯되며, 이를 극복하려면 자신감(유능감)^{Capable}, 연계(연결)^{Connected}, 기여(공헌)^{Contribute}의 이른바 3C가 필요하다고 했습니다. 따라서 '학급운영'과 '생활교육'이라는 두 마리 토끼를 잡으려면 교사는 아이들의 자존감과 소속감 증대를 뚜렷한 목표로 삼아야 합니다.

우리나라 교육의 고질적 병폐는 무언가 부족해서가 아니라 지나친 욕심으로 교육과정이 방만해지는 데 있지요. 창의적 체험활동(창체) 시간에 교육부가 요구하는 필수 활동들만 한다고 해도 시간이 상당히 부족하고, 담임이 고유 시간을 내는 것은 흉내 내기에 지나지 않습니다. 담임의 학급운영 영역에는 인성 교육(생명 존중 교육, 학교 폭력 예방 교육, 안전 교육 등)을 비롯해 진로 지도, 봉사 활동 지도 등이 포함됩니다. 흐트러진 교육과정을 짜임새 있고 통일성 있게 운영하는 방법은 없을까요? 2부에서 그 묘책을 알아보겠습니다.

01 ▶

담임
오리엔테이션

아이들과 만나는 첫날은 1년 동안의 학급경영에서 가장 중요한 날이라고 해도 과언이 아니죠. 아이들도 새로운 친구들, 선생님을 처음 만나는 날이라 가장 떨리고 긴장되고, 설레기도 하는 아주 묘한 날입니다.

첫인상의 중요성은 아무리 강조해도 지나치지 않습니다. 첫날, 학급담임이 어떤 사람인지 소개하고, 어떤 교육적 가치와 목표를 가지고 있는지, 그리고 앞으로 학급을 어떤 식으로 이끌어 갈 것인지 소개하는 '담임 오리엔테이션'은 학급담임에 대해 긍정적이면서도 설득력 있는 첫인상을 만들어 줍니다.

"내일부터 종례를 빨리 끝내 줄 테니까, 오늘은 선생님에게 시간을 줄래?"라고 부탁하는 선생님에게 첫날부터 반항하는 학생들은 없을 겁니다.

둘째 날부터는 너무나도 많은 유인물이 배부되고 바쁜 일정이 기다리고 있어서 아이들과 차분하게 이야기할 시간을 가지기가 매우 힘듭니다. 그리고 학생들도 새로운 반에서 서로 처음 만난 상태라 아직 학급 문화가 만들어지지 않았기에 담임이 이 시기를 적극적으로 활용해 아이들의 문화가 굳어지기 전에 빨리 움직이면 좋습니다.

명함 나눠 주기

아이들에게 강한 인상을 남기는 아주 좋은 방법 중 하나가 명함을 나눠 주는 것입니다. 먼저, 학생들에게 명함이 무엇인지 설명해요. 명함이란 사회생활을 하는 어른들이 처음 만난 사람에게 자신의 이름, 주소, 직업 등을 알리기 위해 건네주는 종이이며, 명함을 받는 사람을 존중하며 명함을 준 나도 존중해 달라는 의미가 담겨 있다고 이야기합니다. 그러면서 선생님에게는 학생들이 중요한 사람이며, 선생님이 학생들을 존중하는 것처럼 학생들도 선생님을 존중해 주었으면 하는 마음을 담아 명함을 준다고 하면 아이들은 귀를 기울입니다.

명함을 나누어 준 다음에는 학생들에게 10년 뒤 자신이 어떤 일을 하면서 살고 있을지 떠올리면서 자신의 명함을 만들어 보게 하는 것도 의미 있겠지요. 그러면 학생들은 보통 자기가 관심 있는 분야에서 일하고 있는 모습을 생각하면서 명함을 만들지요. 이 자료가 학생들을 이해하는 데 도움이 됩니다.

명함 제작 사이트에 있는 기존 샘플 중 마음에 드는 디자인을 고른 뒤, 개인 정보를 수정해서 제작하면 쉽습니다.

담임 오리엔테이션 때 학생들에게 강한 인상을 남기려면 명함을 나눠 주는 것도 좋은 방법이다.

담임 소개와 목표 안내

첫날 학생들에게 이름만 소개하는 것이 아니라, 교사가 어떤 삶을 살아왔는지, 어떤 취미와 특기가 있는지, 어떤 가치를 중요하게 생각하는지 알려 주는 것이 좋습니다.

학급담임을 잘 나타내 주는 짧은 문장 몇 개로 담임을 소개할 수도 있고, 그동안 해 왔던 여러 활동 자료를 보여 주면서 앞으로 담임과 함께할 활동이 역사와 전통이 있음을 알려 주는 것도 필요합니다.

학급담임으로서 1년 동안 반을 이끌어 나갈 바탕이 되는 목표를 세워 놓는 것은 무엇보다 중요합니다. 우리 반이 추구하는 목표를 구체적인 언어로 명확하게 정해서 학생들에게 꼭 알려 주어야 해요. 명확한 목표가 있어야 아이들도 학교생활을 하면서 학급담임이 무엇을 중요하게 생각하는지 알고, 이를 지키려고 노력하는 모습을 보이게 됩니다.

급훈: 신뢰와 존중

올해의 다섯 가지 목표
1. 추억 많이 만들기!
2. 서로 배려하기! No 왕따! No 학교 폭력!
3. 함께 성장하기!
4. 자기 꿈 찾기!
5. 다치지 않기!

우리 반의 특별한 점 소개

학생들에게 '우리 반은 ○○한 반'이라는 개념을 뚜렷하게 심어 주려면 학급의 콘셉트를 잡아야 해요. 계속해서 우리 반의 좋은 점을 서로 이야기하며 자연스럽게 우리 반이 좋은 반이라는 인식을 갖도록 합니다.

콘셉트는 선생님의 성향에 맞추어 잡는 것이 바람직합니다. 아무리 좋은 가치라도 교사에게 잘 맞지 않는다면 계속해서 이끌어 나가기 힘들기 때문이지요.

- 각종 인성·진로·문화·생활교육 실시
- 귀찮은 일은 되도록 안 시켜요(1인 1역으로만).
- 반을 위해 수고하면 생활기록부로 50년 동안 보상!
- 모든 잘못은 우리가 세운 규칙대로만 처리(담임은 너희와 안 싸워요)
- 추억을 많이 만드세요. 나중에 다 기억납니다.

학부모에게 담임 소개

학년이 시작되는 첫날에는 학부모에게도 담임을 소개하는 편지를 보내는 것이 좋습니다. 학생들과 마찬가지로 학부모들도 담임이 어떤 사람인지 무척 궁금해하고 걱정도 합니다. 그렇기에 학부모들에게 편지로 친절하게 교사를 소개하면 담임을 믿는 마음이 생기고 이후의 소통도 원활해져요.

2학년 6반 학생과 학부모님께

안녕하십니까. 싱그러운 새봄의 기운처럼 학부모님 가정에도 언제나 상큼함과 건강함이 넘치기를 기원합니다.

저는 올해 댁의 귀한 자녀분의 2학년 6반 담임을 맡게 된 ○○○입니다. 학급운영에 대한 교육관과 교육 활동 계획을 알려 드리고 부모님들과 활발히 소통하고자 우선 편지로 인사를 드립니다.

저는 아이들에게는 영어를 가르치고 있어요. ○○중학교에 근무한 지 4년째 되었고, 본관 1층 교무실 연구부에 있습니다. 저는 가능한 한 매일 우리 반 학생들과 학부모님들께 신문을 발행하려 하고 있습니다. 신문 내용은 우리 반에서 있었던 일과 앞으로 있을 일을 알려 드리는 내용으로 채워집니다. 댁에서 신문을 받아 보시면 학교에서 어떤 일이 있었는지 대강 아실 수 있을 것입니다.

저에게 하고 싶으신 말씀은 메일(****@daum.net)을 주시거나 010-○○○○-○○○○로 문자를 남겨 주시면 등록해 두고 담임 전용 문자메시지를 보내 드리겠습니다. 직접 만나 얘기하기 어려운 내용도 메일이나 문자로는 편히 나눌 수 있더군요. 특히 아이에게 긍정적인 변화가 있을 때 꼭 알려 주시면 적절한 방법으로 아이를 격려하겠습니다. 아이들은 칭찬을 먹고 자라는 나무이니까요.

3월 21일에 열리는 학부모 총회에서 더 자세히 말씀드리겠습니다만, 먼저 저에 대해 간단히 소개하겠습니다. 저는 196○년생이고, 서울에서 태어났습니다. 현재 노모님과 초등학교에서 근무하는 아내, 아들딸과 오순도순 살고 있습니다. 198○년 ○○○대학교 영어과를 졸업하고, 실업계 고등학교인 ○○공고에서 교직 생활을 시작했습니다. 해서 영어에 흥미를 잃은 아이들과 재미있게 수업하는 분야에 관심이 많습니다. 이후 강동구의 ○○고, 동대문구의 ○○중, 강남구의 ○○중, 또 송파구 등지에서 근무했습니다.

제 부모님은 평생 장사를 하시다가 제가 초등학교 다니던 무렵 사업을 시작하셔서 5학년 때 부도를 당했습니다. 저는 아르바이트로 신문팔이를 해 가며 사춘기를 어렵게 보냈습니다. 최근 우리 사회 경제가 많이 어려워지고 있네요. 가정 형편이 어렵다 보면 부부 사이에 다툼도 많아지고 그러다 보니 별거나 이혼도 많아지고 있는 듯합니다. 이런 사정이 있으신 경우 제게 문자 등으로 귀띔해 주시면 아이에 대한 이해와 돌봄에 많은 도움이 됩니다. 저는 우리 반 아이들에게 부모 같은 역할을 하고자 합니다. 1년 동안 제가 학급운영을 해 나갈 생활 규칙과 '학급운영 계획서'는 자치 적응 시간에 학생들과 심사하고 토론하는 과정을 거쳐 빠른 시일 안에 학부모님들께 보내 드리겠습니다.

제 학급운영의 목표는 '학부모와 학생, 교사가 모두 참여하고 소통하는 학급, 칭찬을 통해 자신을 발견하는 학급'입니다. 교직 생활을 하며 터득한 경험에 비추어 볼 때 담임과 학부모가 서로 마음이 통하면 아이들 문제의 절반은 저절로 해결되더군요. 이를 위해 온라인상에 함께 만들어 가는 공간이 있습니다. http://ket21.com의 '6반 조종례방' 게시판에 모든 조·종례 사항 및 학급 소식을 올려놓으니 이따금 확인하시면 아이의 학교생활을 어느 정도 아실 수 있을 것입니다. 회원 가입을 안 하셔도 보실 수 있도록 열어 두었지만, 회원 가입을 하시면 '학부모님방' 게시판에 글을 쓰실 수도 있고 주 1회 발행하는 '참여 소통 영어 소식지'를 메일로 받아 보실 수도 있습니다.

칭찬을 통한 아이 자신의 발견이 저의 1년간 화두가 될 것입니다. 부모님과 제가 함께 노력하여 그 아이의 내면에만 있는 독특한 재능을 발견하고, 이를 통해 아이가 고등학교를 졸업할 때 자신감을 가지고 첫발을 내디뎌 자기 몫을 훌륭히 해내는 사회의 일원이 되기를 바랍니다.

담임 ○○○ 드림

유튜브 라이브로 학급 오리엔테이션 진행하기

1학기 첫날에 온라인으로 학생들과 인사를 나누며 담임 업무를 시작할 것이라고는 상상도 못 했는데 2020년에 그런 일이 현실이 되었지요. 학생들과 연락할 수 있는 소통 창구가 제대로 갖춰지지 않아 새해 첫날은 아수라장이었습니다. 하지만 학생들은 이미 온라인으로 친구들과 소통하는 것이 익숙하기에 온라인에서 학급 오리엔테이션을 진행하는 것이 충분히 가능합니다. 교실에서 화면에 자료를 띄워 오리엔테이션을 진행하는 것과 유튜브로 학급 오리엔테이션을 진행하는 것은 학생들의 물리적인 위치와 접속 방법만 다를 뿐 그 내용은 같습니다. 유튜브 라이브로 학급 오리엔테이션을 진행하는 방법을 소개할게요.

유튜브 라이브 학급 오리엔테이션을 하는 데 편리한 프로그램으로 OBS^{Open} Broadcaster Software를 추천합니다. OBS는 PC 화면과 카메라를 동시에 유튜브로 송출할 수 있는 프로그램이죠. 선생님의 초상권을 지키고 싶다면 카메라를 켜지 않고 화면만 띄울 수도 있습니다. 첫날 오리엔테이션할 자료를 화면에 띄워 놓고 카메라를 켠 다음, 화면에 뜨는 내용을 유튜브 라이브 방송으로 송출하면 됩니다. 라이브 방송 링크를 학생들에게 전달하면 학생들이 바로 들어와서 유튜브 라이브를 볼 수 있어요. 이때 댓글로 학생들과 선생님이 의사소통할 수 있습니다. 덕분에 교실에서 학생들이 선생님 얘기에 직접 대답하는 것처럼 학생들과 상호작용을 할 수 있습니다.

학년이 시작되는 첫날, 유튜브 라이브로 담임교사를 소개하는 장면.

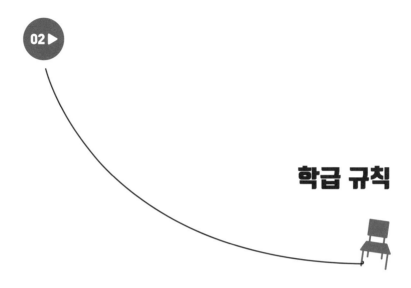

학급 규칙

학생들은 학교생활을 하면서 여러 가지 낯선 행동을 합니다. 아직 성장 중이라 어떻게 행동하는 것이 옳은지 잘 몰라서 그럴 수도 있고, 하면 안 되는 행동이라는 것을 뻔히 알고서 하기도 해요. 지각하거나, 친구를 놀리거나, 물건을 가져가 주인에게 안 돌려주거나, 친구를 때리거나, 뒤에서 남을 헐뜯는 등 학급담임이 쫓아다니면서 지도해야 할 일이 한두 가지가 아니에요. 이럴 때 담임교사는 학생들이 잘못할 때마다 사사건건 학생을 불러서 무엇을 잘못했는지 조사하고, 확인하고, 꾸중도 해야 하는데, 이런 끊임없는 소모전은 학급담임에게 큰 부담이 됩니다. 게다가 학생들이 순순히 수긍하고 인정하면 몰라도, 자기는 잘못한 것이 없다고 우기고 버티면 지도하기가 몇 배 더 힘들어 집니다. 설상가상으로, 선생님이 자기를 미워해서 그렇게 말하는 것이라는 등 본질을 벗어나는 학생들의 말 때문에 지도에 어려움을 겪기도 하죠.

해도 되는 것, 해서는 안 되는 것 선 긋기

학생들이 학교생활을 할 때 어느 범위까지 행동할 수 있고, 그 테두리를 벗어나면 어떤 결과가 생기고 어떤 책임을 져야 하는지 알려 주는 것이 매우 중요합니다. 이것을 우리 반의 '테두리 정하기'라고 할게요. 우리 반의 테두리는 학생들의 안전망이 되어 줍니다. 어디까지 할 수 있고 어디부터는 허용되지 않는지 명확하게 알려 주어 학생들이 학교생활을 안전하게 할 수 있도록 하는 거예요. 우리 반의 테두리 안에서 학생들은 자유롭게 생활하면서 다양한 경험을 쌓고 성장할 수 있습니다.

이렇게 중요한 학급의 테두리를 정할 때는 학생들에게 의견을 묻지 않고 교사가 일방적으로 정한 내용을 적용해서는 곤란합니다. 학급의 테두리에 가장 큰 영향을 받는 대상이 학생들인데, 어떤 내용으로 정할지 당연히 학생들의 의견을 반영해야 하지요.

요즘 학생들은 자신의 의견을 제시하고, 자신의 요구 사항이 받아들여지는 것을 매우 당연하게 여깁니다. 이런 학생들에게 교사는 어른이니까 교사의 일방적 지시를 따르라는 이야기는 매우 큰 저항감과 거부반응을 불러올 수 있습니다. 따라서 학생들이 자신의 의견을 충분히 제시하고, 전체 급우들과 교사와 같이 의논해서 세부 내용을 조율하는 식으로 이루어져야 합니다. 학생들의 의견을 의사 결정에 반영시키는 참여와 소통의 과정이 필요한 거죠.

미리 정한 테두리와 행동 한계를 넘어섰을 때 어떤 책임을 지게 할지도 학생들의 의견을 수합하고 토론하여 공동의 규칙을 만듭니다. 이렇게 회의를 거쳐 정한 내용을 어긴 학생을 지도하는 데 있어서는 감정을 1퍼센트도 섞지 말고 결과에 대해 미리 안내한 대로 처리합니다. 이처럼 학생들의 행동에 어떤 결과가 따르게 되는지를 사전에 알려 주고 사안 발생 시 그대로 처리하는 훈육 방식을 '결과 안내 중심 훈육'이라고 부릅니다.

학급 규칙을 통한 결과 안내 중심 훈육

결과 안내 중심 훈육이 교실에서 가장 큰 힘을 발휘하는 것이 바로 '학급 규칙'이에요. 학급에서 일어나는 여러 일을 대할 때 담임도 사람이다 보니 똑같은 사안에도 어느 날은 좀 더 엄격하게 대하고, 또 다른 날은 그날의 기분, 컨디션, 해당 학생과의 관계 등의 이유로 좀 더 느슨하게 대할 수 있습니다. 같은 사안에 대해 담임교사가 다르게 처리하는 것을 보고 학생들은 '담임교사가 공평하지 못하다.' 또는 '담임교사가 학생을 편애한다.'라고 오해하기 쉽습니다.

그리고 교사도 똑같은 낯선 행동을 자꾸만 되풀이하는 학생을 지도하다 보면 지치고 짜증이 날 수 있겠지요. 그 학생이 교사를 무시하는 것 같은 기분까지 들어서 감정적으로 대응하다가 학생들과 대립할 수도 있습니다.

담임교사는 학생들과 빚을 수 있는 갈등 요소를 최소화해야 합니다. 그래야 학급의 경영자로서 정신적·시간적 여유를 가지고 학급을 이끌어 나갈 수 있어요. 학급에서의 여러 낯선 행동을 어떻게 처리할지, 학생들의 의견을 수렴하고 조율하는 과정을 거쳐서 어떤 책임을 지면 될지 학급 규칙으로 정합니다. 이렇게 미리 안내해 둔 대로 사안을 '학급 규칙에 근거'해 처리하면 학생들과의 관계에 손상도 입지 않으며, 낯선 행동을 처리하는 데 발생할 수 있는 감정 소모도 피할 수 있고, 교사는 '할 일'에만 집중할 수 있습니다. 『훈육을 넘어서Beyond the Discipline』라는 책에서 저자 알피 콘Alfie Kohn은 "구성원이 만든 협약이야말로 최고의 훈육"이라고 주장했습니다. 자칫 역설적으로 들릴 수 있지만, 최고의 훈육은 바로 '자치'입니다.

요즘 아이들의 특징 가운데 하나인 시키는 대로 하지 않는 점, 바꾸어 말하면 설득과 협상이 필요한 점을 잘 활용해 학급 규칙을 정하는 과정에 학생들을 적극적으로 참여시켜 학급 규칙에 들어갈 내용을 계속 협상하고 조율해 보세요. 그러면 학생들은 학급 규칙을 교사가 임의로 정하고 학생들이 지켜야 하는 규칙이 아니라 '우리가 세운, 우리의 규칙'이라고 인식하게 됩니다.

학급 규칙 정하는 방법

학급 규칙은 학급의 기본이 되는 뼈대나 마찬가지입니다. 그렇기에 되도록 학급에 학생들의 문화가 생겨나기 전인 학년 초에 학급 회의 시간 또는 조회 시간을 사용해 충분히 시간을 두고 정하는 것이 좋아요. 학급 규칙의 세부 내용은 학교 폭력, 흡연과 같이 학교 교칙에 들어가는 내용이 아닌, 담임의 재량으로 처리할 수 있는 내용이어야 합니다.

① '하고 싶은 일'과 '해서는 안 되는 일' 적기

학생 한 명당 포스트잇을 두 장씩 나눠 주고 모둠 내 친구들과 이야기를 나누게 한 뒤 한 장에는 '하고 싶은 일(학급 행사 등)' 세 가지,

나머지 한 장에는 '해서는 안 되는 일' 세 가지를 적도록 합니다. 그 다음에는 4인 1조 모둠으로 나눠 준 A4 용지 두 장 중 한 장에는 '하고 싶은 일'을 적은 포스트잇을 모두 붙이고, 나머지 한 장에는 '해서는 안 되는 일'을 적은 포스트잇을 모두 붙입니다.

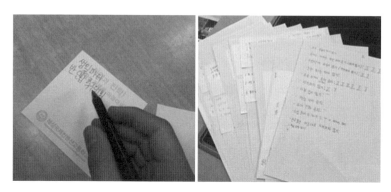

학생들이 포스트잇에 적은 '하고 싶은 일'과 '해서는 안 되는 일'을 모둠별로 각각 A4 용지에 붙인다.

② 벌칙 정하기

학생들이 적어 놓은 '해서는 안 되는 일'을 모아 문서로 정리합니다. 그런 다음 학생들에게 이를 지키지 않았을 때 어떤 책임을 지면 좋을지 항목별로 이야기를 나눈 뒤 의견을 제시하라고 요청합니다. 이때 학생들의 의견이 너무 가혹하거나 실제로 하기 어려운 것이라면 담임교사가 현실에 맞게 조정해 줍니다.

3학년 3반이 정한 학급 규칙 (과정 중)

해서는 안 되는 일 (규칙)	규칙을 지키지 않으면 (벌칙)
교실에서 공놀이하기	공 일주일 보관하기
교실에서 과격한 장난하기(뛰기)	
수업 시간에 떠들거나 딴짓하기	
다른 반 친구 데려오기(다른 반 함부로 출입하기)	벌점 1점
진한 화장이나 머리 염색하기	화장 지우기/염색 빼기 + 벌점 1점
욕을 하거나 언어폭력 하기	고운 말 빽빽히 5번 적어서 3분의 1장 쓰기
친구를 놀리기	사과하고 악수하기
지각하기	지각한 날 하루 청소하기(종 치고 나서 들어오면 지각, 누적 3회 이상 지각하면 일주일 청소하기)
사복 입기/실외화 신기	종례 시간까지 사복 및 실외화 보관하기 + 하루 청소하기
책상에 낙서하기	
수업 시작 전에 수업 준비하지 않고 돌아다니기	
친구 물건을 마음대로 가져가기	
청소 시간에 도망가기	
회신물 제출 기간 안에 안 가져오기	
수업 시간에 무단으로 자리 옮기기	
학급 기물 파손하기	
수행평가 때 부정행위 하기	
선생님에게 거짓말하기	

선생님/친구에게 예의 없게 행동하기	
친구와 싸우기	
교실 바닥에 쓰레기 버리기	
점심시간에 줄 새치기하기	

서명: _____

학급 규칙 초안.

이때 학생들이 내놓은 의견 중에는 없더라도 담임교사가 필요하다고 판단되는 내용을 추가로 넣어도 좋아요. 담임교사도 학급의 일원으로서 의견을 제시하고 토의할 수 있으니까요. 예를 들어 해서는 안 되는 일에 '선생님에게 거짓말하기'를 규칙으로 넣으면 학생들의 거짓말을 잡아내고 "했어? 안 했어?"라고 끊임없이 조사하는 데 들이는 시간과 에너지를 줄일 수 있습니다.

③ 투표로 규칙 확정하기

며칠에 걸쳐 학생들이 의견을 제시하고 조율한 학급 규칙 초안이 완성되면 각 안을 찬성하는지 또는 반대하는지 투표로 정합니다. 이렇게 확정된 학급 규칙을 큰 종이에 출력해서 교실에 잘 보이게 붙여 놓고 학생들에게 서명을 받아 우리 반의 규칙임을 명확하게 합니다.

3학년 3반이 정한 학급 규칙 (완성)

해서는 안 되는 일(규칙)	규칙을 지키지 않으면(벌칙)
교실에서 공놀이하기	공 일주일 보관하기
교실에서 과격한 장난하기(뛰기)	종례 후 5분 동안 명상하기
수업 시간에 떠들거나 딴짓하기	빽빽히 3분의 1장 쓰기
다른 반 친구 데려오기(다른 반 함부로 출입하기)	벌점 1점
진한 화장이나 머리 염색하기	화장 지우기/염색 빼기 + 벌점 1점
욕을 하거나 언어폭력 하기	고운 말 빽빽히 5번 적어서 3분의 1장 쓰기
친구를 놀리기	사과하고 악수하기
지각하기	지각한 날 하루 청소하기(종 치고 나서 들어오면 지각, 누적 3회 이상 지각하면 일주일 청소하기)
사복 입기/실외화 신기	종례 시간까지 사복 및 실외화 보관하기 + 하루 청소하기
책상에 낙서하기	낙서 지우기
수업 시작 전에 수업 준비하지 않고 돌아다니기	종례 후 5분 동안 명상하기
친구 물건을 마음대로 가져가기	큰절하며 사과하기
청소 시간에 도망가기	일주일 청소하기
회신물 제출 기간 안에 안 가져오기	하루 청소하기
수업 시간에 무단으로 자리 옮기기	종례 후 5분 동안 명상하기
학급 기물 파손하기	파손 기물 배상하기
수행평가 때 부정행위 하기	도덕성 쓰기

선생님에게 거짓말하기	도덕성 쓰기
선생님/친구에게 예의 없게 행동하기	도덕성 쓰기
친구와 싸우기	악수하고 그대로 있기
교실 바닥에 쓰레기 버리기	그날 교실 바닥 청소하기
점심시간에 줄 새치기하기	줄 맨 뒤로 가기

서명: _____

완성된 학급 규칙.

④ 학부모에게 알리기

학급 규칙을 정하는 모든 과정은 학부모 SNS로 전달합니다. 학생들이 참여해 직접 학급 규칙을 만드는 과정을 학부모들이 볼 수 있도록 하여 앞으로 학급에서 일어나는 모든 사안은 담임 개인의 감정에 따른 것이 아니라 학급 규칙에 근거해 처리한다는 것을 인식시킵니다.

> 오늘 조회 시간에는 월요일부터 토의해 온 학급 규칙을 결정하고 최종적으로 투표를 하여 확정했습니다. 앞으로 아이들이 정한 이 학급 규칙을 우리 반에서 생길 수 있는 여러 사안을 처리하는 기준으로 삼겠습니다. 크게 인쇄해서 교실에 붙여 놓고 아이들에게 서명을 받도록 하겠습니다.

패들렛으로 학급 규칙 정하기

온라인 상황에서 학급 규칙을 정하는 아주 좋은 방법이 있습니다. 바로 패들렛 (padlet.com)을 활용하는 방법인데요, 패들렛은 온라인 칠판처럼 쓸 수 있는 프로그램입니다. 패들렛의 인터넷 주소만 있으면 학생들이 별도의 로그인 없이 바로 참여할 수 있습니다. 사용 방법을 단계별로 살펴보겠습니다.

1단계. 선생님이 학급 규칙을 정하기 위한 패들렛을 만듭니다. 템플릿은 캔버스로 하고, 우리 반에서 '하고 싶은 일(학급 행사 등)'과 '해서는 안 되는 일'을 표시하기 위해 ○ㅣ×로 배경 그림을 그린 뒤 저장합니다. 주소를 짧게 줄여서 학생들에게 전달하는 것도 좋은 방법이에요.

학급 규칙 정하기

2단계. 학생들에게 ○ 표시가 된 곳에는 우리 반에서 '하고 싶은 일' 세 가지를 적고 × 표시가 된 곳에는 우리 반에서 '해서는 안 되는 일' 세 가지를 적으라고 합니다. '하고 싶은 일'과 '해서는 안 되는 일'의 포스트잇 색깔을 서로 다르게 지정해서 잘 구분되게 하는 것도 좋은 방법입니다.

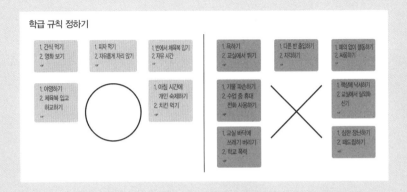

3단계. 그다음에는 '해서는 안 되는 일'로 정한 규칙을 지키지 않았을 때 어떤 책임을 지면 좋을지 항목별 의견을 댓글로 적게 합니다. 아래 그림은 '욕하기', '교실에서 뛰기'의 항목을 지키지 않았을 때 어떤 책임을 지면 좋을지 학생들이 댓글을 적은 예시입니다.

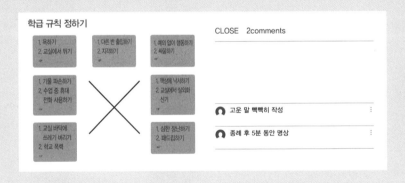

4단계. '해서는 안 되는 일'을 정리하고 학생들에게 의견을 물었다면 이제 학급 투표에 부쳐서 확정합니다. 최종적으로 완성된 내용을 학급 규칙으로 발표하고 다 같이 지키도록 합니다.

03 ▶

주번
자율 선택제와
학급 1인 1역

학급 활동에 학생들을 참여시켜 학생들이 학급에 기여할 기회를 제공하고 그 노력을 인정하는 것이 학급운영의 매우 중요한 기본 방침입니다. 학급에서 학생들의 참여를 독려하는 방안에도 발상의 전환이 필요해요.

우리 반 학생들이 학급에 소속감을 느끼며 기여하고 노력하는 모습은 모든 학급담임이 꿈꾸는 모습이라고 할 수 있죠. 학생들이 학급을 위해 자발적으로 노력하고 공헌하는 것이 당연한 분위기를 만들려면 담임은 학생들의 자율성을 존중하고, 학급을 위해 노력하는 학생의 수고를 인정하는 시스템을 갖추어야 합니다. '학급 1인 1역'이 바로 그런 기회를 제공하는 좋은 제도입니다. 그중에서도 '주번 자율 선택제'는 일상적인 학교생활 속에서 학생들은 학급에 기여할 수 있고, 담임은 학생들의 노력을 적극적으로 인정할 수 있어 매우 효과적이에요.

주번 자율 선택제

주번 자율 선택제란 주번을 이름 가나다순으로 정하는 대신, 학생들이 2명씩 짝을 이루어 스스로 학급에 봉사할 주를 자율적으로 선택하는 제도예요. 학생들에게 자기가 원하는 시기에 같이 주번을 하고 싶은 친구와 함께 신청하도록 하는 방식으로, 마지못해 떠맡던 주번 활동에서 학생들에게 선택권을 주어 주도적으로 참여하는 주번 활동으로 전환한 것입니다.

보통 학생들이 일주일씩 번갈아 가면서 주번을 맡아 봉사하는데, 담임교사가 임의로 주번 순서를 정해 주는 것보다 학급에 학사력을 가져다 놓고 학생들에게 원하는 날, 원하는 친구와 같이 신청하라고 합니다. 그러면 학생들이 갑자기 언제, 누구와 할지 관심을 가지게 되고, 주번이라는 다소 귀찮은 활동에 대한 인식이 바뀌면서 좀 더 적극적으로 참여할 수 있습니다.

주번을 함께할 동료를 자율적으로 선택하니 뜻밖의 효과가 생깁니다. 청소를 안 하고 이른바 도망가는 일이 거의 없어졌어요. 주번 중 한 아이가 그냥 가 버리면 주번을 함께하기로 한 자기와 친한 친구에게 고스란히 피해가 돌아가기 때문이죠. 특별한 일이 생겨서 주번 활동을 못 할 것 같으면 아이들끼리 서로 의논해서 하루씩 번갈아 하기로 약속하는 등 아름다운 모습도 볼 수 있습니다. 협동 정신은 추상적인 말로 강요할 일이 아니라 제도를 통해 직접 겪으며 체득하는 일임을 알 수 있지요.

여기에 덧붙여 주번 활동을 하고 나서 학급 동료들에게 평가를 받는 평가 제도도 시행할 수 있습니다. 이때 평가 점수가 높은 학생을 '학급 모범 학생' 선발 때 추천하는 것도 좋은 방법입니다.

① 주번의 역할

주번이라고 하면 귀찮고 피하고 싶은 일로 인식하곤 합니다. 보통 주번이 칠판 지우기, 교실 쓸고 닦기, 쓰레기 분리수거하기, 학급 문단속하기 등 학급의 일 다수를 맡아서 해야 한다고 생각하기 때문이죠. 자칫하

학급비로 구입한 미니 빗자루로 자기 책상 주변을 수시로 청소해 별도의 청소 시간을 두지 않는다.

면 교사가 주번 활동을 지도하는 데 있어 학생에 따라 갈등이 생길 소지도 있습니다. 학급에서 학생들을 돌보는 일에 집중해야 하는 담임은 학생들과의 불필요한 갈등을 최소화하는 데 늘 신경 써야 해요. 만약 주번이 하는 일이 많아서 학생들이 버거워한다면 주번의 일을 줄여서 누구든지 '할 만한 일'로 만들어 줘야 합니다.

이러한 상황에서 다음에 살펴볼 학급 1인 1역이 큰 역할을 합니다. 학급 청소를 1인 1역으로 나눔으로써 주번이 하는 일이 전보다 가벼워져서 일주일간 방과 후 교실 앞뒤 쓸기, 대걸레질하기, 집에 갈때 문단속하기만 하면 됩니다. 1인 1역으로 교실 청소 및 칠판 정리 등에 각각 담당이 있어서 그 역할만 하면 되지요.

② 주번 평가

일주일이 지난 다음 주 월요일 아침, 조회 시간에 선거관리위원장은 5점 만점의 5단계 주번 평가표를 학급 전원에게 한 장씩 나눠 주고 점수를 적게 한 다음 걷어서 평균 점수를 냅니다. 이 점수를 학급 달력에 기록하고 월 1회 정도 함께 모아 학급 홈페이지에 탑재하면 교사는 평균 3.0점 이상인 학생의 생활기록부에 "1학기 주번 활동에 대한 동료 평가 결과 5점 만점에 3.0점의 높은 점수를 받음." 등과 같이 입력합니다.

그런데 어떤 주는 수련회 같은 교외 활동이 있어서 주번을 하루

이틀만 하고 끝나는 경우가 생깁니다. 그럼 불공평하겠지요? 그래서 도입한 제도가 가산점 제도입니다. 가산점 제도란 봉사하는 일수만큼 0.1점씩 더해 주는 제도예요. 하루를 하면 0.1점을, 닷새를 하면 0.5점을 더해 주지요.

가장 마지막까지 주번 신청이 안 되는 주는 언제일까요? 아이들이 부담을 많이 느끼는 정기 고사 때입니다. 그래서 정기 고사 때 주번 활동을 하는 친구들의 생활기록부에는 "정기 고사가 있어 부담스러운 주에 주번 활동을 맡는 봉사 정신을 보임."이라고 추가로 입력해 주기로 약속합니다. 그래서 주번 평점이 5점이 넘는 아이도 생겨나죠.

문화분석가이자 정신의학자 가야마 리카는 『젊음의 코드를 읽는다』라는 책에 젊은 세대의 45가지 심리 코드를 적었는데 그중 한 가지가 "선생은 늘 뒷담화의 대상"이라고 해요. 학생들은 교사의 평가는 대수롭지 않아 하고 동료 평가를 의미 있게 생각한다고 합니다.

학급 1인 1역

학급 1인 1역은 모든 학생들에게 학급에 기여할 기회를 제공하여 학생들이 학급에서 소속감을 찾고 담임이 학생들의 수고를 칭찬하는 기회를 찾는 매우 중요한 학급운영 시스템입니다. 담임교사는 학급에서 일어나는 모든 일을 책임지고 이끌어 가지만, 해야 하는 일 하나하나를 나눠 보면 굉장히 단순한 일들이 많습니다. 학생들이 이런 단순한 일들을 하나씩 맡아 성실히 수행해 준다면, 담임은 그만큼 반을 돌볼 수 있는 시간적·정신적 여유가 생깁니다.

1인 1역은 단순히 학급의 심부름을 하는 것이 아니라 학생들에게 권한을 주어 자기가 맡은 일을 책임지고 처리하며, 이를 통해 성장하는 기회를 줄 수 있다는 점에서 의미가 있습니다. 직접 해 보면 일을 진행할 때 갖춰야 할 대인 관계, 계획성, 꾸준함 등 여러 감각과 판단력을 키울 수 있지요.

1인 1역은 특히 학교 폭력을 예방하는 데 도움이 됩니다. 자존감과 소속감이 없을 때 학생들은 낯선 행동을 하고 '갱'을 형성합니다. 그런데 각각의 역할을 맡은 학생들의 노력을 담임이 잘 관찰해 학생과 학부모에게 칭찬한다면 학생들이 자존감을 키우고, 나아가 소속감을 느끼게 됩니다. 앞으로 소개할 '칭찬 3종 세트(칭찬 문자, 칭찬 스티커, 생활기록부 기록)'를 가장 적극적으로 활용할 수 있는 것 또한 학급 1인 1역이에요.

학급 1인 1역은 1년 동안 또는 학기별로 정할 수 있는데, 이는 맡은 일의 과중, 그리고 학생들의 의견을 종합해서 결정하는 것이 바람직합니다.

① 구체적일수록 성공한다

학교마다 상황과 필요가 다르기에 1인 1역을 구성하는 역할들은 다를 수 있습니다. 하지만 1인 1역에서 정확히 무슨 일을 해야 하는지 직무명세서처럼 구체적으로 적어 준다면 학생들은 어떤 역할인지 잘 이해한 상태에서 신청하고 맡은 일을 수행할 수 있습니다. 학생들은 보통 자기가 맡은 역할 이상은 하려고 들지 않습니다. 맡은 일을 정확하게 지정해서 알려 줘야 나중에 시키자니 애매하고 안 시키자니 다른 누군가가 해야 하는 상황을 피할 수 있어요. 그래서 심지어 애매한 상황에 활동하는 역할도 뽑아 두면 좋습니다.

② 소품 지원하기

1인 1역을 하는 데에는 소품(공책, 메모장, 도장, 스티커 등)이 필요할 수 있어요. 이런 소품들을 담임교사가 잘 갖추고서 중요한 역할을 맡은 학생들에게 주며 "○○야, 네가 맡은 1인 1역을 하는 데 이걸 써 봐. 맡는다고 해 줘서 고마워."라고 말하면 아이가 감동을 받아 더욱 열심히 하지 않을까요?

학생들이 성장하는 데 교사의 인정만큼 좋은 자양분도 없습니다. 결국 어떤 역할이든 아이의 마음을 알아주는 것이 가장 중요하다고 생각합니다.

③ 1인 1역의 목적 되새기기

학생이 처한 상황에 따라 맡은 일을 제대로 하기 어려운 순간이 생길 수도 있습니다. 교사가 '모든 학생들이 빠짐없이 자기가 맡은 역할을 성실히 수행하도록 적극적으로 시키고 감독하겠다.'라고 마음먹는 순간 아이들과 갈등을 빚을 가능성이 커집니다. "넌 왜 1인 1역을 안 하니?"라고 꾸짖으면 그 아이와 관계를 원만하게 이어 나가기 어려울 수 있어요.

모든 학생이 한 가지 역할을 맡아서 학급에 기여하는 것이 학급 1인 1역이라고 했는데 이제 와서 모두가 다 잘하게 시키지 말라니 모순처럼 들릴 수 있습니다. 하지만 학생들이 모두 성실하게 1인 1역을 수행할 마음의 준비 및 적극성을 띠고 있는 건 아니에요. 이런 상황에서 1인 1역이 무엇이며, 이런 제도를 왜 하려고 했는지 초심으로 돌아가서 생각하는 것이 중요합니다.

1인 1역은 담임이 담당해야 하는 수많은 일을 학생들에게 하나씩 나누고, 이를 통해 학생들이 학급에 기여할 수 있는 기회를 제공하는 것이잖아요. 다시 말해, 학생들이 잘 못 해내는 역할이 있다면 담임이 하면 됩니다. 학생들을 칭찬하고 소속감을 부여할 목적으로 시작한 1인 1역인데, 학생들이 부족한 모습을 보인다고 해서 꾸중하고 질책한다면 본래의 목적에서 너무나도 벗어나는 결과를 가져오게 되겠지요. 매년 1인 1역 제도를 지도하다 보면 제대로 되지 않는 역할이 생길 것을 미리 감안해 두고 1인 1역을 맡기게 됩니다. 학생들이 제대로 못 한다면 담임이 하면 되니까요.

④ 잘하는 아이들은 더 잘하도록 돕기

1인 1역을 진행해 보면 다른 역할보다 부담이 큰 역할들이 있기 마련입니다. 이런 역할을 누가 맡아 줄까 하고 걱정하지만, 신기하게도 담임을 돕고 싶어 하는 아이들이 있습니다. 아무리 학교가 메말라 가고 아이들을 대하기가 어렵다고 해도 이렇게 적극적이고 호의적인 아이들이 있어서 학교생활을 하는 맛도 있지 않나 생각합니다. 이런 아이들은 담임교사에게는 '좋은 토양'과 같은 존재입니다. 이런 아이들을 잘 돌보고 격려하고 칭찬하면 자연히 긍정적인 학급 분위기가 만들어집니다.

밑 빠진 독을 채우기는 어렵습니다. 우리는 부정적인 모습을 보는 순간, 자신의 눈앞에 펼쳐져 있는 긍정적인 모습들을 외면하고 부정적인 것을 고치려고 애쓰기 시작합니다. 그러는 순간 교사에게 기쁨이 되는 아이들을 돌보지 못하고, 그러다 보면 아이들도 인정과 성장의 기회를 얻지 못해 빛을 잃고 나중에는 오히려 부정적으로 변하게 됩니다. 당연한 것은 당연한 것이 아니라는 점을 잊으면 안 되겠습니다. 잘하는 아이들을 더 잘하도록 도와주는 것 또한 학급경영에서 무엇보다 중요한 일입니다.

	역할	이름
1	남자 회장/여자 회장(생일자 안내 및 생일 파티 준비하기, 수업 시 간에 인사하기)	
2		
3	거울 시험 팀장(거울과 시계 깨끗하게 관리하기, 시험 기간에 교실 앞에 시계 달기, 학급 비품 검사하기, 자기가 갖지 않고 아이들에게 나눠 주기)	
4		
5	교과별 멘토링 팀장(학급에서 학습 멘토/멘티 활동 진행하기, 해당 과목 수업 시간에 회장 돕기)	
6		
7		
8	칭찬 팀장(칭찬 스티커 붙이기 및 통계 내기)	
9	출석부 팀장(교과 선생님 서명 빠진 것 받아 오기, 주말 통계 확인하기)	
10	유인물 팀장(조회 전과 종례 전에 유인물 가져오기)	
11	제출 팀장(설문 조사지 등 유인물 걷어서 제출하기)	
12	교선 부장	
13	사교 팀장(자리 바꾸기)	
14	체험 학습 팀장(체험 학습 신청서 걷어서 담임선생님 드리기)	
15	출결 팀장(결석계와 진단서/약 봉투 걷어서 담임선생님 드리기)	
16	오프라인 뉴스 팀장(숙제 및 수행 전달 내용 칠판에 적기)	
17	온라인 뉴스 팀장(숙제 및 수행 전달 내용 반톡에 올리기)	
18	환경 팀장(청소 도구 관리 및 분리수거하기)	
19		
20	체육 팀장(체육 시간 일정 확인하기)	

21	게시물 팀장(게시판에 유인물 붙이고 떼기)	
22	3학년 3반 수호신	
23	환기 팀장(아침에 등교해서 반 창문 열고 환기하기)	
24	웰빙 팀장(사물함 및 교실에 방치된 물건 주인 찾아 주고 정리하기)	
25	올스타 플레이어(담임선생님이 시키는 것 하기)	
26	마니또 팀장(아픈 친구 도와주기, 조퇴 시 출석부 가지고 아픈 친구와 같이 교무실로 오기)	
27	대걸레/손걸레 매니저(교탁, 창문, 칠판 아래 청소하고 걸레 빨아서 청소함에 정돈해 두기)	
28	학습 팀장(수업 후 칠판 지우고 일주일에 한 번씩 클리너 뿌려서 깨끗하게 닦기)	
29	비품 팀장(학급 비품함 관리 및 부족한 것 채워 넣기)	
30	경호 팀장(이동 수업 시 교실 에어컨과 전등 끄기, 문단속하고 출석부 챙기기) 한 명은 문 잠그기, 한 명은 문 열기	
31		
32	타임 팀장(지각 및 결석하는 학생 확인하기)	
33	기사 팀장(우리 반 기자로 학급일지에 실을 기사 쓰기)	
34		
35	인테리어 팀장(학급 환경 꾸미기)	
36	전화 팀장(전화 받기)	

학급 1인 1역 예시.

구글 공유 문서로 주번 및 1인 1역 신청하기

온라인 수업 상황에서 주번은 할 일이 별로 없을 수 있습니다. 하지만 일주일 동안 학급의 도우미가 되어 친구들이 편하게 학교생활을 할 수 있도록 돕는 것이 주번의 역할이라고 생각하면, 온라인 수업 중에도 주번의 역할이 있습니다. 바로 그날그날의 수업과 과제를 반 친구들에게 알려 주는 '알리미' 역할입니다. 까딱 잘못하면 수업을 놓쳐서 과제가 무엇인지 듣지 못할 수 있는 온라인 수업 환경에서 친구들에게 수업과 과제를 알려 주는 역할은 굉장히 중요합니다.

마찬가지로 학생들이 학교에 나오지 않는 온라인 수업 기간에는 1인 1역의 역할도 많이 필요하지 않을 수 있습니다. 그렇지만 등교수업을 병행하는 상황에서는 기본적으로 1인 1역 제도를 유지하는 게 좋습니다. 오히려 온라인 수업을 할 때 추가로 어떤 역할이 더 필요할지 생각해 보는 게 좋아요. 온라인 수업 상황에서는 학생들의 수업 참여가 가장 큰 문제입니다. 그래서 학생들이 자기 출석번호 다음 학생에게 수업 참여를 독려하는 메시지를 보내는 '수업 도우미' 역할을 진행하는 것도 좋은 방법이에요.

수업 도우미는 반 친구들이 수업에 참여하도록 미리 연락하고, 또 수업에 참여하지 않은 학생들에게는 수업을 잘 들으라고 이야기할 수도 있겠네요. 온라인 수업 상황에서는 교사와 학생이 연락할 일은 있어도 학생들끼리 서로 연락할 일은 오히려 적습니다. 학생들끼리 친해지기 쉽지 않은 온라인 수업 상황에서 수업 도우미로서 반 친구들과 연락하면서 친해질 기회를 마련할 수도 있지요.

주번 및 1인 1역 신청은 구글 공유 문서를 활용하면 편리합니다. 구글 문서/시트를 만든 다음, 공유 문서로 바꿔서 학생들에게 링크를 전달하면 학생들이 바로 클릭해서 들어와 작성할 수 있어요.

A	B	C	D
	역할	이름	비고
1	남자 회장/여자 회장(생일자 안내 및 생일 파티 준비하기, 수업 시간에 인사하기)		가산점 1점
2			가산점 1점
3	거울 시험 팀장(거울과 시계 깨끗하게 관리하기, 시험 기간에 교실 앞에 시계 달기, 학급 비품 검사하기, 자기가 갖지 않고 아이들에게 나눠 주기)		
4			
5	교과별 멘토링 팀장(학급에서 학습 멘토/멘티 활동 진행하기, 해당 과목 수업 시간에 회장 돕기)		
6			
7			
8	칭찬 팀장(칭찬 스티커 붙이기 및 통계 내기)		
9	출석부 팀장(교과 선생님 서명 빠진 것 받아 오기, 주말 통계 확인하기)		
10	유인물 팀장(조회 전과 종례 전에 유인물 가져오기)		
11	제출 팀장(설문 조사지 등 유인물 걷어서 제출하기)		
12	교선 부장		
13	사교 팀장(자리 바꾸기)		
14	체험 학습 팀장(체험 학습 신청서 걷어서 담임선생님 드리기)		
15	출결 팀장(결석계와 진단서/약 봉투 걷어서 담임선생님 드리기)		
16	오프라인 뉴스 팀장(숙제 및 수행 전달 내용 칠판에 적기)		
17	온라인 뉴스 팀장(숙제 및 수행 전달 내용 반톡에 올리기)		
18	환경 팀장(청소 도구 관리 및 분리수거하기)		봉사 활동 5시간
19			
20	체육 팀장(체육 시간 일정 확인하기)		
21	게시물 팀장(게시판에 유인물 붙이고 떼기)		
22	3학년 3반 수호신		
23	환기 팀장(아침에 등교해서 반 창문 열고 환기하기)		
24	웰빙 팀장(사물함 및 교실에 방치된 물건 주인 찾아 주고 정리하기)		
25	올스타 플레이어(담임선생님이 시키는 것 하기)		
26	마니또 팀장(아픈 친구 도와주기, 조퇴 시 출석부 가지고 아픈 친구와 같이 교무실로 오기)		
27	대걸레/손걸레 매니저(교탁, 창문, 칠판 아래 청소하고 걸레 빨아서 청소함에 정돈해 두기)		
28	학습 팀장(수업 후 칠판 지우고 일주일에 한 번씩 클리너 뿌려서 깨끗하게 닦기)		
29	비품 팀장(학급 비품함 관리 및 부족한 것 채워 넣기)		

구글 시트 학급 1인 1역 신청 예시.

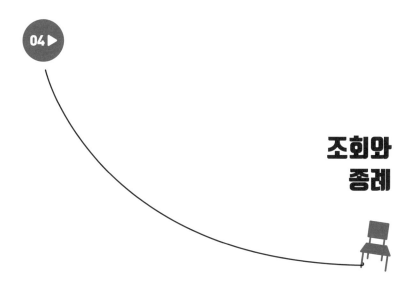

조회와
종례

조회와 종례는 아이들과 만나고 헤어지는 시간입니다. 조회 시간에는 몸이나 마음이 불편해 보이는 아이는 없는지 아이들의 표정을 주의 깊게 살펴봅니다.

조회 시간과 종례 시간이 전달 사항을 알리는 시간에 그치면 아이들은 집중하지 못하고 교사와 학생들 모두에게 지루한 시간이 될 수 있어요. 그러므로 전달 사항은 종례 신문으로 만들어 배포하고, 주제가 있는 조회로 학생들의 집중력을 높이는 것이 바람직합니다.

주제가 있는 조회

조회 시간을 학생들에게 직업 진로 탐색, 생명 존중, 상호 존중, 적성 발견, 인성 교육, 양성 교육, 문화 감수성 교육 등을 실시하는 시간으로 활용하면 좋습니다. 이러한 교육은 일상에서 꾸준히 이루어져야 하며, 하루하루 계속하다 보면 가랑비에 옷 젖듯이 메시지가 조금씩 전달되어 학생들의 모습과 행동이 차츰 변해 가는 것을 확인할 수 있습니다.

조회 시간은 보통 담임교사가 아픈 학생은 없는지 확인하고, 그날의 전달 사항을 알려 주는 데 사용합니다. 때로 훈화를 하기도 하지만, 교사가 전달할 수 있는 내용에도 한계가 있어서 항상 훈화하기는 어려운 것이 사실입니다. 그래서 보통 전달 사항을 알려 주고 나머지 시간에는 자습을 하거나 또는 자기 할 일을 하도록 하죠. 하지만 조회 시간 말고는 학생들과 오롯이 이야기하면서 교감을 나눌 시간을 찾기 힘들다는 점을 감안할 때 조회 시간을 좀 더 다양하게 활용하는 방안을 강구할 필요가 있습니다.

① 미디어 행복 교육

신문 또는 인터넷에는 학생들의 마음에 울림을 줄 수 있는 자료가 상당히 많이 있습니다. 타인에게 관심을 가져야 하는 이유, 생명을 존중해야 하는 이유, 새롭게 떠오른 사회 쟁점 사안, 공감의 중요성, 행복한 인생을 사는 사람 소개, 아이디어의 중요성 등등 셀 수 없이 다양한 내용의 자료가 학생들에게 깊이 생각해 보는 기회를 제공합니다. 학생들이 잘 안 보는 것 같아도 나중에 보면 이러한 내용을 기억하고 있더라고요. 이 점이 기특하고 인상 깊습니다.

② 직업 진로 탐색

요즘은 정말 다양한 직업이 있습니다. 가치관이 다양한 요즘의 학생들에게 여러 가지 직업을 소개함으로써 학생들이 자신의 적성과 흥미를 곰곰 생각해 보고, 열린 마음으로 진로 및 직업에 대해 탐색하는 기회를 마련해 주면 좋습니다.

유튜브에도 다양한 직업을 소개하는 채널들(셀레브, 더스토리 등)이 많습니다. 연예인, 예술인 등 학생들이 알 만한 유명한 인물들이 자기가 하는 일에 대해 이야기하고, 그동안의 경험을 통해 배운 점을 알려 줍니다.

영상 속 주인공들은 교사들이 학생들에게 강조하는 성실, 도전, 긍정적인 생각, 배려, 공감, 신뢰와 같이 다양한 가치가 매우 중요하다고 입을 모아 이야기합니다. 이런 영상을 꾸준히 보다 보면 학생들의 마음속에 어떤 가치가 중요한지, 어떤 자질을 키워야 하는지 등등의 생각이 서서히 자리 잡게 됩니다.

③ 생활교육 자료

　요즘은 정보 통신의 발달로 그 어느 때보다 사람들의 인연이 계속 이어지고, 소리 소문 없이 일어난 일도 굉장히 쉽게 공개되어 엄청난 파급력을 발휘하는 사례를 많이 보게 됩니다. 특히, 어렸을 때 생각 없이 한 철없는 행동이 나중에 나이 들어 자기에게 부메랑처럼 되돌아오는 경우를 너무 많이 봅니다.

　그래서 학생들이 지금 하는 말과 행동에 좀 더 신경을 썼으면 하는 마음을 담아 평소에 생활교육을 실시하면 좋습니다. 생활교육의 요지는 "지금 하는 말과 행동이 10년, 20년 뒤에 스스로의 발목을 잡을 수 있다."입니다.

　연예인이나 유명 인사의 경우, 지난 젊은 시절에 저지른 잘못이나 철없는 말과 행동 때문에 현재 정말 중요한 순간에 나락으로 떨어지는 모습을 종종 볼 수 있지요. 이렇게 나름대로 최선을 다해 어느 정도 위치에 올라선 뒤 많은 사람들에게 관심을 받고 인정을 받자마자, 과거의 실수나 잘못 때문에 그동안의 노력까지 모조리 부정당하는 사례를 보여 줍니다. 그리고 지금까지 받은 관심보다 더 큰 비난을 당하는 사례를 보여 주며 경각심을 일깨워 준 뒤 오늘 하는 말과 행동을 조심하고 다른 사람에게 상처를 주지 말아야 한다고 교육합니다.

　학교 폭력뿐 아니라 위험한 장난, 범죄, 뒷담화, 음주, 무면허 또는 음주 운전, 성범죄, 우울증 등과 관련한 보도 자료도 찾아서 보여 줍니다. 이러한 문제들이 실제로 사회에서 어떻게 받아들여지며 어떤 결과로 본인에게 돌아오는지 학생들이 직접 보는 것이 백 마디 말보다 낫습니다. 보고 느끼는 점이 있다면 학생들이 '책임 있는 행동'에 대해 스스로 깊이 생각해 볼 거예요.

종례 신문

수업하랴 업무하랴 학급 학생들 챙기랴 정말 바쁘게 하루를 보낸 뒤, 담임 학급에 들어가서 종례를 하려고 하는데 아이들이 너무 지쳐서 또는 너무 신나서 담임의 말에 전혀 귀 기울이지 않고 딴짓을 한다거나 자기들끼리 정신없이 떠드는 상황을 맞닥뜨리면 참으로 난감합니다. 학생들을 겨우겨우 달래고 꾸중해 가며 전달 사항을 말해도 꼭 제대로 안 듣고 나중에 되묻는 학생들이 있지요. 일정은 안내해야 하고, 아이들은 제멋대로 떠들고, 시간은 흐르고, 짜증은 나고…… 총체적 난국입니다.

종례 시간은 자칫하면 아이들과 갈등이 생길 수 있는 위험 요소가 있는 시간입니다. "학생들이 가장 좋아하는 담임이 종례가 짧은 담임"이라는 말이 괜히 나온 것이 아니지요. 어떻게 하면 학급담임이 전달할 내용도 깔끔하게 전하고, 학생들도 피곤하지 않게 집중할 수 있을까요?

그 해결책은 바로 학급 종례 알림 시스템을 운영하는 것입니다. 그날그날 전달해야 하는 내용을 종례 신문으로 만들어 학생들에게 전달하는 방법입니다. 학생들이 나중에 언제든지 확인할 수 있으니 좋지요. 학교 일정상 중요한 내용은 아침 조회 시간에 간단하게 전달하고, 종례 시간에는 학생들이 하루 동안 별일 없었는지 확인한 다음, 종례 신문을 학생들에게 전달하고 종례를 끝내면 하루를 깔끔하게 마무리할 수 있습니다.

종례 시간이 짧아져서 좋고, 종례 내용은 종례 신문으로 언제든지 확인할 수 있으니 좋습니다. 학생들이 담임에게 따로 물어보지 않으니 담임도 학생들이 스스로 학급 일정을 찾을 수 있도록 지도할 수 있습니다.

다양한 SNS가 발달한 요즘 같은 때에 군이 종이 신문을 만들 필요는 없어요. SNS로도 충분합니다.

① 일정 안내

종례 중 많은 부분이 앞으로 있을 일정 안내로 이루어진다는 것을 생각할 때 종례 신문을 통해 미리 일정 안내를 한다면 시간을 효율적으로 사용할 수 있겠지요. 학생들에게 "종례 신문 확인해."라고 간단하게 전달할 수 있습니다.

② 학급 상황 안내

학급에서 일어나는 일들을 기록해 두었다가 종례 신문에 적습니다. 이는 학급에서 일어나는 일을 담임교사가 잘 관찰하고 있고 인지하고 있다는 것과 학생들이 잘하는 부분도 담임교사가 놓치지 않고 잘 기억하고 있다는 것을 알리는 역할을 합니다. 담임교사가 학급 상황을 적극적으로 파악하고 있다는 사실을 학생들에게 알리는 것은 신뢰와 이어지는 일이므로 매우 중요합니다.

③ 인격적인 설득

아리스토텔레스가 말한 설득하는 법 세 가지는 '이토스, 파토스, 로고스'입니다. 이토스는 인간이 가진 본연의 인격적인 면으로 설득하는 것인데, 이는 효과가 60퍼센트나 된다고 합니다. 파토스는 감성을 건드려 설득하는 것으로 효과가 30퍼센트이며, 로고스는 논리적으로 설득하는 것으로 효과가 10퍼센트에 지나지 않는다고 해요. 바꾸어 말하면 잔소리는 10점이고 감동은 30점인데, 인격적인 설득은 60점짜리라는 뜻이 되겠지요.

종례 신문은 글을 통해 다른 사람에게 얘기하듯 인격적으로 설득하는 것이 가능합니다. 아리스토텔레스 식으로 따지자면 이것이 최고의 훈육법인 셈입니다. 평소에 좋은 글귀, 전하고 싶은 메시지 등을 모아 두었다가 사용하거나 때로는 주제별 속담도 시의적절하게 쓰면

촌철살인의 효과가 있습니다.

④ 훈육의 도구

많은 학생들이 교실이라는 작은 공간에서 매일같이 붙어서 생활하다 보면 필연적으로 사안이 발생합니다. 이때 교사가 다른 학생들 보는 앞에서 꾸중하고 지도할 수도 있지만, 오히려 차분하게 생각을 가라앉히고 글로써 종례 신문에 그 문제를 다루면, 소모적인 감정싸움을 피하고 아이의 낯선 행동에만 집중할 수 있습니다. 글로 적다 보면 생각이 정리되면서 학생들에게 해 줘야 하는 말이 무엇인지 생각하게 되고, 상처를 주는 말은 피할 수 있게 됩니다.

⑤ 학생과 부모 간의 의사소통

종례 신문은 학생 SNS와 학부모 SNS에 모두 전달되기 때문에 학생들이 어떻게 하루를 보냈으며, 담임이 어떤 교육 자료를 보냈는지 학부모들도 상세하게 알 수 있습니다. 학부모들이 자녀들의 학교생활에 대해 잘 알고 있으면 자녀와 의사소통하기가 수월해집니다. 학부모들이 "너 오늘 학교에서 ○○ 했다면서?"라든지 "너 오늘 조회 시간에 ○○ 자료 봤지?"라고 대화를 시작하면 아이들은 "어떻게 알았어요?"라며 깜짝 놀란다고 해요.

이처럼 직장 생활에, 가정일에 바쁜 나머지 자녀와 이야기하고 아이의 상황을 좀처럼 알아내기 쉽지 않은 현실에서 학부모와 자녀 사이에 의사소통을 늘려 나가도록 하는 데 종례 신문이 큰 역할을 할 수 있답니다.

종례 신문 관련 정보는 돌봄 치유 교실 카페(https://cafe.naver.com/ket21)에서 '종례 신문'으로 검색하면 실제 신문 내용을 참고할 수 있습니다.

3월 3일

- 어제 이번 주 주번으로 ○○이가 단독 신청해 주었어요. 아무도 안 했으면 혼자 되게 고생할 뻔했어요. 감사!^^

- 방과 후 교실 문은 주번이 잠그고 출석부를 교무실에 갖다 놓습니다. 아침에 일찍 등교하는 사람은 교실로 바로 오지 말고 1층 교무실에 들러서 출석부에 매달린 열쇠로 문을 열고 들어와 실내 환기 좀 부탁해요.
주번이 아니더라도 대걸레질도 해 주면 좋지요. 상쾌한 아침을 느낀 친구들의 엔도르핀이 내게도 다 돌아오겠지요.^^ (참! 급하다고 뒷문 들어서 열다가 파손되면 우리 반 학급 관리비 10만 원 날아가요. 문값이 15만 원이라는.)

- 1인 1역 신청을 받습니다. 뒷면에 적힌 1인 1역 중 자기 진로와 가장 잘 어울리는 역할을 하나 골라 우리 반 게시판에 활동 계획을 올려 보세요. 선착순입니다.

- 오늘 밤 9시에 정팅을 했으면 싶은데 누구 방 만들어 초대해 주실 분??

4월 24일

- 지난주 토요일 성빙에 ○○, △△, □□, ○△, □△이 등이 들어왔어요. 시험 범위 안의 영어 질문을 받기로 했는데 질문 숫자는 많지 않았지만 수준 높은 예리한 질문이 있었어요. 전치사 between과 among의 차이, stop to 부정사와 동명사가 올 때의 차이 등등. 저는 10시에 나왔는데 아이들은 몇 시까지 했는지 모릅니다.

- 중간고사 끝나고 나면 성적 상위권과 하위권이 섞어서 앉았으면 해요. 회장, 부회장이 방법을 연구해 주시기를…….

- △○이가 땡땡이를 안 친 지 벌써 한 달이 다 되어 가네요. 참으로 놀랍지요? 칭찬과 격려의 힘! 놀랍게 변해 가는 △○이에게 칭찬 도장 한 개, 기적을 함께 이뤄 가는 여러분에게도 칭찬 도장 한 개, 합이 두 개요!

- 지난 금요일 저녁 우연히 △○, ○△이 다니는 미술 학원 앞을 지나게 되어 떡볶이 사 준다고 잠깐 ○△이를 나오라고 했어요. 검은색 가운을 입고 나오는데 표정이 어찌 그리 밝고 편안해 보이던지……! 학교에서는 좀처럼 보지 못한 표정이었어요.
역시 자기가 하고 싶은 일을 하고 살아야…….^^

- 공지 사항
  - 춘추복 혼용 기간(4월 25일~4월 30일). 명찰을 꼭 부착합시다.
  - 두발 지도가 정말 잘되고 있습니다. 자율의 힘, 놀랍습니다.
  - 쾌적한 수업 환경을 위해 방충망 시설 공사를 했습니다.

6월 3일

■ 어제 자리 배치에 대한 단상들

"절차상 하자는 원인 무효"라는 원칙이 있어요. 규정이 제대로 지켜지지 않았다면 무효라는 것이지요. 어제 자리 배치에 대한 ○○이의 강력한 문제 제기로 우리 반 요즘 수업 시간에 너무 시끄럽다는 사실까지 알게 되었어요.

■ 악은 착한 사람들이 아무 일도 하지 않을 때 번성한다!

앞으로는 가슴속에 담아 두지 말고 그때그때 알려 주세요. 담임이 귀신은 아니에요. 모르면 그냥 바보 되는 거예요.^^; 익명 제보 대환영.^^ 좋은 학급 분위기를 위해 우리 모두 싸워야 해요. 어제 회의에서 △△이의 날카로운 지적, 고마워요. 당연한 지적이고, 시간이 영어 시간이 아니었다면 충분히 논의할 수 있었을 제안입니다.

■ 아차산 수기: ○○○ 선생님과 □□이와 함께 간 아차산

선생님과 아차산에 갔다. 선생님하고 둘이 가기 좀 어색해서 김□□을 데리고 갔는데 데리고 갈 잘못했다. ㅋㅋㅋㅋ 일단 버거＊에 가서 재작년 영어 특기로 외대에 간 멘토 형을 만났다. 솔직히 그 형도 좀 귀찮아할 줄 알았는데 전혀 그러질 않았다. 막 영자 신문하고 영어 특기자 전형, 대학입시 전형이 쓰여 있는 자료를 가지고 자세히 설명해 주셨다.

선생님이 버거＊에서 하나 먹고 아차산에서 거하게 먹자며 하나만 시키자고 하셨는데 김□□은 치킨버거를 먹었다. 염치가 없다고 생각했는데 옆에서 계속 먹는 걸 보니 좀 후회됐다. 아, 선생님이 사 주시는 거 알면 그냥 나도 치킨이나 그런 거 먹을걸. 게다가 내 콜라도 김□□이 3분에 2는 다 뺏어 먹었다. 멘토 형 얘기에 몰두하다가 내 콜라를 지키지 못했다. 이게 중요한 게 아닌데, 쩝.

근데 되게 희망적이었던 건 멘토 형도 나처럼 성적이 안 좋았다고 했다. 특기자 전형을 보니까 내신을 안 보는 학교가 되게 많고 수능도 안 봐도 되는 학교도 더러 있었다. 희망적이었다. 그렇게 얘기를 끝내고 아차산에

갔다. 매점에 가니까 어떤 아저씨들이 술을 드시고 계셨다. 시끄러워서 거슬렸으나 내 열정은 식지 않았다.ㅋ

선생님이 파전이랑 도토리묵이랑 또 믹길리 빈 진(선생님이 빈 진씩. 그러니까 김□□이랑 내 것까지 한 잔을 주셨는데 나중에 보니 선생님께서 도로 다 드셨다), 그리고 잔치국수에 음료수도 사 주셨다. 거하게 먹고 내려와서 노래방에 가자는 선생님을 뿌리치고(마음이 아팠다. 선생님을 뿌리치는 게 마치 이쁜 강아지를 발로 찬 기분이었다) 오는데 선생님이 문구점에서 수첩 두 개를 사 주시면서 항상 주머니에 넣어 가지고 다니다가 무슨 일이 생길 때마다 적으라고 하셨다. 그게 우리의 무기가 될 거라고. 재밌었다. ㅋㅋㅋ

9월 1일 우리 반에 칭찬의 문화가^*^

- △△이가 아픈데도 시합에 나가 페널티킥을 막아 낸 ○○이에게 칭찬 도장을 세 개쯤 주어야 한다고 제안하네요. 당연하죠. 아이들 모두 ○○이가 MVP라 칭찬하더군요.
  ◇◇이 동영상을 보더니 모두들 손뼉 치고 격려해 주네요.
  자기를 내세우지 않고 서로를 격려하는 놀라운 문화. 칭찬도 습관이 되니 참 좋습니다.

- ○△이가 앞으로 지각, 결석을 안 하겠다고 제게 약속을 하는군요. 제가 뭐 요구한 것도 아닌데. 감동 먹었어요. 자율의 힘. 칭찬 도장 한 개 드립니다.

- 오늘부터 2학기 동안 개근 또는 정근하면 학생부를 추천서 수준으로 써 줍니다.^*^

12월 9일

■ 나의 경쟁 상대는?

이 세상 그 누구도 아니라 바로 자기 자신입니다.

빈둥빈둥하고 싶어 하는 자신,

반성하기보다 합리화하고 싶어 하는 자신,

큰일 앞두고 잠시 한눈팔고 싶어 하는 자신,

현재 하고 있는 일보다 더 큰 미래만 꿈꾸는 자신,

해야 할 일보다 하고 싶은 일 먼저 하고 싶은 자신,

공부 안 해서 시험 망쳐 놓고 어려운 가정환경만 원망하는 자신,

시험입니다. 시험 기간은 인생 최고의 학습 기간입니다.

긴장해야 할 때 긴장 못 하는 것도 습관이 됩니다.

습관이 인생을 결정합니다.

■ 부처님의 주치의였던 '지바카'가 의사 수업을 받을 때의 일입니다.

어느 날 스승이 지바카에게 망태기를 던져 주면서 말했습니다.

"약초를 캐 오너라. 이것이 마지막 시험이다."

그는 며칠이 지나서야 그것도 빈 망태기인 채로 돌아왔습니다.

"약초는 캐 오지 않고 어디를 갔다 왔느냐?"

"스승님, 세상에 약초 아닌 것이 없었습니다.

온 천지가 약초뿐인데 어떻게 다 담아 올 수 있겠습니까?"

지바카의 말을 듣고 스승은 그를 의사로 인정했답니다.

우리 반 누구 한 사람 약초 아닌 사람이 없습니다.

다만 그 쓰임새를 아직 발견하지 못했을 뿐이지요.

명의란 그 쓰임새를 모두 다 아는 이입니다.

"얘들아, 나 명의냐, 돌팔이냐??" ㅋㅋ

온라인 수업에서 학생들과 소통하기

대면으로 이뤄지지 않는 온라인 수업의 특성상 학생들과 소통하기가 쉽지 않습니다. 하지만 조금만 생각해 보면 학생들과 소통하면서도 그날그날 필요한 내용을 전달하는 방법이 많습니다. 몇 가지를 소개할게요.

1. 댓글로 출석 체크하기

학생들이 온라인으로 출석 체크를 할 때, 출석 번호만 적는 것보다는 그날그날의 기분을 댓글로 적어서 좀 더 부드럽게 출석 체크를 할 수 있어요.

예쁜 3반 좋은 아침 :-)
이제 슬슬 학기 중 루틴을 찾아야겠죠?

| 오늘의 할 일 |
1. 출석 체크하기(8시 30분~9시)
2. 이 게시물에 댓글 달기(세 글자, 다섯 글자로 말하기 "나는 이런 사람이야.") (예: 행복한, 웃음이 많은 등)
3. 온라인 클래스 오티 듣기(단순 클릭 X, 완강하기) 9시 전에 미리 클래스 로그인하면 좋음, 접속 잘 안 되면 크롬으로 접속!

8번
나는 언제나 사람이야
4월 14일 오전 8:37 · 👍 1 · 최고예요 · 답글쓰기

9번
나는 학교가 좋은 사람이야
4월 14일 오전 8:37 · 👍 1 · 재밌어요 · 답글쓰기

11번
나는 건강한 사람이야
4월 14일 오전 8:37 · 👍 1 · 최고예요 · 답글쓰기

10번
나는 행복한 사람이야
4월 14일 오전 8:37 · 👍 1 · 재밌어요 · 답글쓰기

---

2. 손글씨 감성 나누기 (번동중학교 고유라 선생님 제공)

손글씨로 담은 따뜻함은 그 어떤 폰트도 따라갈 수 없습니다. 온라인 조회 때 전달 사항이 디지털 글씨로만 오가는 다소 딱딱한 상황에서 선생님이 먼저 손글 씨로 그날그날의 기분을 학생들과 소통해 보면 어떨까요?

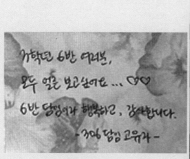

3. 정보 전달은 카드 뉴스로 쉽게 (언주중학교 이지영 선생님 제공)

온라인 수업 상황에서는 모든 전달 내용을 글씨로 전달해야 합니다. 거기에 교과 수업에서 전달하는 내용까지 더해지면 학생들이 읽을 내용이 상당히 많습 니다. 이때 핵심만 추려서 카드 뉴스로 만들어서 전달하면 어떨까요? '미리캔버 스(www.miricanvas.com)'라는 사이트를 활용하면 카드 뉴스를 쉽게 만들 수 있 어요. 적극 추천합니다.

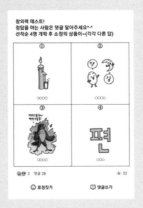

4. 창의력 퀴즈를 활용해 화기애애한 조회 시간 만들기

밋밋하게 시작할 수 있는 하루를 창의력 퀴즈를 활용해 잠시 머리를 말랑말랑하게 써 보는 것은 어떨까요? 빨리 댓글을 단 학생에게 소정의 선물을 주는 것도 학생들의 참여를 이끌어 내기 좋은 방법입니다.

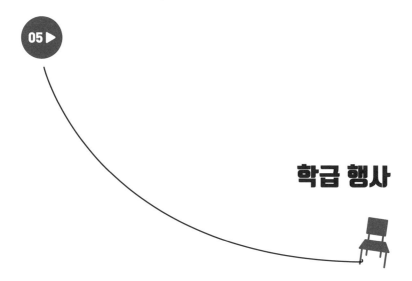

05

학급 행사

학급 행사는 학급의 단합을 도모하고, 행사를 계획, 준비, 진행하면서 학생들이 협력, 토론, 토의, 협상, 상호 존중 및 이해, 그리고 갈등 관리까지 다양한 활동을 경험하며 성장할 수 있는 좋은 기회입니다.

시기별로 학급 행사를 계획해 학생들이 참여하고 준비하여 성취감을 맛볼 수 있도록 하는 것도 좋아요. 날마다 되풀이되는 일상에 특별함을 부여하는 학급 행사는 학생들이 학급의 일원으로서 소속감을 느끼고 자부심을 가질 수 있는 좋은 기회가 될 거예요.

생일 파티

생일 파티를 주관하는 사람은 1인 1역으로 역할을 주고, 매달 생일을 맞은 친구들을 위해 조회 시간에 생일 파티를 열어 주게 합니다. 간단하게 생일 축하 노래를 부르고 담임교사가 준비한 작은 선물(사탕 등)을 주는 식으로 할 수도 있고, 역할을 맡은 학생의 역량에 따라 더 규모 있게 진행할 수도 있습니다. 생일 축하 롤링 페이퍼도 돌려서 코팅해 전해 주면 소속감을 높이는 데 도움이 됩니다.

학급 야영

방과 후에 반 친구들과 같이 식사하고 다양한 프로그램을 진행하며 서로 우애를 돈독하게 다지는 야영은 학생들이 가장 좋아하는 학급 행사 중 하나입니다. 아이들끼리 많은 추억을 만들 수 있는 좋은 기회가 되기도 하지요.

단, 방과 후에 학생들을 지도해야 하는 담임교사의 부담이 커질 수 있다는 점은 유의해야 합니다. 야영의 시작부터 마무리까지 한번 알아보겠습니다.

① 야영 준비

1. 학생들의 의견 수합: 야영은 학교의 정규 수업 시간에 포함되지 않는 방과 후 시간을 활용하는 활동입니다. 따라서 학생들이 정말 야영을 하고 싶은지부터 먼저 조사해야 합니다. 학생들은 별로 하고 싶은 마음이 없는데, 담임교사 혼자 열심히 추진하다가 학생들이 잘 따라 주지 않아서 '내가 지금 뭘 하는 거지?'라고 망연자실할 수 있기 때문이죠.

2. 야영추진위원회 조직: 학생들이 야영을 하고 싶어 한다면, 학생들에게 먼저 알릴 것이 있습니다. 바로 담임교사는 야영 프로그램 동안 학생들의 안전 지도를 해야 해서 나서서 프로그램을 계획하고 진행하기 어려우니, 야영추진위원회(야추위)를 조직해 학생들끼리 서로 역할을 정해서 의논하고 계획하여 진행하기 바란다는 점입니다. 이렇게 학생들에게 프로그램의 준비를 맡기는 데는 몇 가지 이유가 있어요. 첫째, 실제로 야영이 시작되면 담임교사는 만일에 일어날 수 있는 여러 상황(주로 안전사고)에 대비해야 해서 정신이 없습니다. 둘째, 아무리 좋은 프로그램이라도 학생들이 직접 준비하지 않고, 누군가의 지시에 따라 움직인다면 수동적인 태도를 보이게 되고, 학생의 행사가 아닌 '다른 사람이 시켜서 하는 행사'로 전락할 수 있기 때문입니다. 학생들에게 스스로 계획하고, 친구들과 협의하고, 의사소통하며 준비하고, 진행하는 이 모든 과정이 성장의 기회가 될 수 있다는 점을 알

리고 학생들 스스로 참여하도록 적극적으로 독려해야 합니다.

야추위에 참여하겠다고 자발적으로 신청한 학생들에게 칭찬 문자, 칭찬 스티커, 생활기록부 기록을 잊지 말고 실행하여 긍정적인 학급 분위기 조성에 활용합니다. 야추위 학생들이 학급 행사에 봉사하려고 자발적으로 신청했다는 점을 학급에서 매우 칭찬하고, 행사 전문가가 아닌 우리 반 친구가 진행하기 때문에 혹시 진행이 다소 매끄럽지 않아도 비난하지 말고 잘 이해해 달라고 교육하는 것도 중요해요. 또 우리 반이 모두 같이 준비해서 진행하는 행사이니 적극적으로 참여해 달라고 요청하는 것도 잊지 않도록 합니다.

3. 야영 날짜 결정: 야영하는 날짜를 정할 때에도 학생들의 의견을 반영합니다. 여러 가지 학교 일정과 날씨 조건을 감안했을 때 보통 야영하기 좋은 시기는 5월 1~2주, 9월 하순~10월 중순입니다.

4. 교감·교장선생님에게 보고 및 결재: 방과 후에 학교 시설을 이용해서 진행되는 학급 야영은 반드시 관리자에게 알려서 허락을 받아야 합니다. 일과 중이 아니더라도, 학생들을 인솔해서 어떤 활동을 진행한다면 반드시 결재를 받아야 해요. 학교장의 결재를 받았을 경우, 만일에 생길 수 있는 안전사고 발생 시 도움을 받을 방법이 여러 가지 있을 수 있기 때문이죠. 또 야영을 준비하다 보면 여러 부서의 도움을 받아야 하는데, 이때에도 절차대로 결재를 받아 진행하는 것이 도움이 됩니다. 관리자에게 구두로 먼저 야영을 진행하고 싶다고 말씀

드리고, 정식으로 야영 추진 동의서와 야영 계획서를 기안해서 결재를 받습니다. 이때 계획서는 어느 정도 큰 틀만 잡은 내용으로 올려도 괜찮습니다. 어떻게 진행할지 야추위 학생들과 계속 토의해서 결정해 나가야 하기 때문입니다. 그리고 학교 폭력 예방 교육과 성폭력 예방 교육도 반드시 잊지 않고 실시해야 합니다.

5. 야영추진위원회와 학급 야영 계획 수립 및 토의: 야추위에서 시간을 어떻게 사용할지 정하고, 어떤 활동을 할지 계획한 다음, 담임교사와 같이 협의하면서 필요한 경우 계획을 조금 고치거나 바꿀 수도 있습니다. 이때 중요한 점은 학생들이 세운 계획의 완벽함을 보는 것이 아니라 그 속에 있는 아이디어를 보고, 더 잘 진행할 수 있도록 도울 방법을 생각해야 한다는 거예요. 특히, 안전과 효과의 측면을 잘 따져서 학생들이 계획한 행사가 좀 더 매끄럽게 진행될 수 있도록 도와주면 좋습니다. 학생들이 막연하게 생각만 하고 진행 계획을 구체적으로 세우지 않는 경우가 종종 있으니 그런 부분을 빠짐없이 꼼꼼하게 챙기도록 합니다.

6. 야영 관련 협조 요청: 야영할 때, 체육관 또는 강당과 같은 학급 교실 이외의 시설을 사용할 경우, 해당 시설을 관리하는 부서에 사용 관련 협조를 부탁드려야 합니다. 해당 시설을 사용할 때 신경 써서 관리할 부분이 있을 수도 있고, 방과 후에 학교 시설을 사용하는 것이기에 행정실을 통해 당직 기사님에게도 일정을 안내해야 해요.

7. 야영 준비물 구입: 야추위가 야영 준비에 필요하다고 하는 물품이 있으면 담임교사가 학급운영비로 구입해 줄 수 있습니다. 필요한 부분이 있다면 적극적으로 지원해 주어야 합니다.

② 야영 당일

1. 응급 키트 수령: 담임교사는 먼저 보건실에서 응급 키트를 수령해 준비해 놓습니다.

2. 야영 시작할 때: 방과 후에 학생들이 정해진 시간에 집합해서 야영을 시작하는데, 이때 다시 한번 안전 교육 및 학교 폭력 예방 교육, 성폭력 예방 교육을 실시하면 좋습니다.

3. 안전 지도: 학생들이 식사하고 프로그램을 진행하는 동안 담임교사는 항상 주시하면서 안전사고가 발생하지 않도록 지도합니다. 학생들이 들떠서 평소에 하지 않던 행동을 할 수도 있으니 주의합니다.

4. 일정 체크: 학생들이 세운 시간 계획대로 진행되고 있는지 체크하고, 진행시킵니다.

5. 뒷정리: 학생들이 학교에서 식사하고 간식도 먹기 때문에 뒷정리가 가장 신경 쓰이는 부분입니다. 분리수거하고, 쓰레기를 잘 모아서 버릴 수 있도록 뒷정리 지도를 철저하게 합니다. 야영이 끝날 때쯤이면 학생들이 지쳐서 얼른 집에 가고 싶은 마음에 대충 청소하려고 하는데 아이들을 다독여 뒷정리를 깨끗하게 잘하도록 지도합니다.

모든 일정이 끝나고 나면 반드시 학부모님들에게 야영을 무사히 잘 마쳤으며 안전하게 귀가시켰다는 안내 문자까지 보내 드려야 합니다. 늦은 시간에 끝나는 관계로 안전하게 귀가하는 것도 매우 중요한 부분입니다.

6. 야영에 대한 칭찬: 야영을 마친 뒤 야영추진위원회 학생들을 비롯해 모든 학생들과 학부모님들에게 야영에 대한 평가 및 칭찬 문자를 보내서 모두의 수고를 인정하고 칭찬합니다.

> 안녕하세요. 지난 금요일에 있었던 학급 야영 때 아이가 담력 훈련을 맡아 계획하고 준비하고 잘 실행해 주어서 덕분에 반 아이들이 매우 즐거운 시간을 보냈습니다.
> 그동안 제가 봐 왔던 그 어떤 담력 훈련보다 재밌더라고요. 친구들이 쉬는 동안 한 시간 가까이 준비한다고 애쓰고, 또 담력 훈련 내내 복도에서 프로그램을 진행한 우리 아이 많이 칭찬해 주세요. ^^ 프로그램을 진행하는 동안 줄곧 담임이 신경 쓸 것 하나 없이 착착 진행하는 모습이 상당히 믿음직스러웠습니다. 아이들에게 믿음을 주고 최선을 다할 기회를 주니 그에 부응해 주어 너무 고마웠습니다. ♥

어버이날 이벤트

1년에 한 번씩 찾아오는 어버이날은 평소 애쓰시는 부모님에게 학생들이 고마움을 표현할 좋은 기회입니다. 여러 가지 활동을 할 수 있지만, 해마다 좋은 반응을 이끌었던 어버이날 이벤트를 하나 소개합니다.

엄마, 아빠에게 전화를 걸어서 "사랑해요."라고 말하고 "사랑한다."라는 대답 듣기입니다. 이 이벤트는 보통 조회 시간에 진행하는데 학생이 부모님에게 전화를 걸어서 다짜고짜 "엄마(또는 아빠), 사랑해요."라고 말합니다. 이때 휴대전화는 스피커폰 모드로 해 놔서 반의 모든 학생들이 들을 수 있도록 합니다. 조회 시간에 난데없이 걸려온 전화에 부모님은 처음에는 당황하시며 "왜 그래?", "무슨 일이 있어?" 등으로 현실 반응을 보여 주시긴 하지만 곧 "사랑한다."라고 답변해 주십니다. 이러한 어버이날 이벤트로 모두가 즐겁고 행복한 추억을 만들 수 있습니다.

학급 문집

1년 동안 학급에서 여러 활동을 진행할 때마다 학생들에게 느낀 점을 적게 해서 나중에 한데 모으면 꽤 괜찮은 학급 문집이 탄생합니다. '추억을 사세요!'라고 콘셉트를 잡고 학급 문집 중심으로 1년 동안의 학급 활동을 계획하는 것도 좋은 방법입니다.

하루하루 같은 일상이 반복되는 학교생활 속에서 학급 활동을 구심점으로 학생들이 학교생활을 활기차게 이어 갈 수 있도록 자극을 준다면 모두가 즐거운 생활이 될 것입니다. 그리고 그때그때 느꼈던 점을 학급 문집의 재료로 삼는다면 나중에 시간이 지나서 펼쳐 보면 추억이 한가득 담긴 소중한 기록이 될 수 있어요. 학급 문집은 새해 첫날 느낀 점 적기, 새로운 친구들에게 자기소개하기, 자기 꿈 적기, 우리 반을 위한 시 쓰기, 수련회 후기, 학급 야영 후기, 10년 뒤 나에게 쓰는 편지, 릴레이 편지, 부모님에게서 온 편지 등의 내용으로 꾸밀 수 있습니다.

학생들의 글을 모으는 것이 다소 번거로울 수 있는데 요즘 많이 사용하는 네이버 오피스 또는 구글 문서 등을 활용하면 손쉽게 자료를 수합할 수 있습니다. 이렇게 만든 학급 문집을 다음 해 첫날, 새 학년 새 반 편성을 알려 줄 때 한 부씩 나눠 주면 학생들이 정말 행복해합니다. 학급 문집을 만들 때는 귀찮아하고 심드렁하던 학생들도 1년 동안의 기억이 오롯이 담긴 학급 문집을 받으면 무척 좋아하죠. 여러 학부모님에게서 아이가 학급 문집을 집에 가져와서 너무 좋아하며 자랑했다는 이야기를 전해 들었습니다.

온라인 수업에서 학급 행사 진행하기

온라인 수업 상황에서는 다음과 같은 학급 행사를 진행할 수 있습니다.

1. 익명의 너에게 보내는 편지 (언주중학교 이지영 선생님 제공)

학생들이 서로 얼굴을 보지 못하고 지내는 이 시간이 너무 아쉬운가요? 서로에 대한 궁금증과 호기심을 담아 친구에게 편지를 써 보는 '익명의 너에게 보내는 편지' 활동을 해 보면 어떨까요?

방법은 다음과 같습니다. 학기 초 익명 편지 활동을 안내합니다. 특정 학생을 대상으로 쓰는 편지가 아니라 우리 반 누구에게나 배달될 수 있으니 처음 만나는 반 친구에게 하고 싶은 말이나 궁금한 점, 간단한 자기소개 등을 쓰도록 안내하세요. 익명 편지를 수합해 랜덤으로 수신자를 설정한 다음 학기 초 안내문, 시간표 등을 함께 편지 봉투에 넣어 첫날에 수신자에게 배부합니다.

> **2학년 3반 누군가에게**
> 안녕? 이 편지를 받을 너와 같은 반이 돼서 기뻐~.
> 나는 긍정적인 성격을 가지고 있는 것 같아.
> 요즘 코로나바이러스 때문에 학교도 못 가고 밖에 외출하기도 쉽지 않아서

따분했어. 너도 그래? 또 나는 여행 가는 것과 영화 보는 것을 가장 좋아해!
그럼 안녕~!

To. 익명

안뇽? 난 2학년 3반의 익명이야. 네가 누구인지 잘 모르겠지만 너도 내가 누구인지는 잘 모르겠지. 우선 나의 성격은 내가 보기엔 너무 착하고 마음씨가 고운 듯해. 뭐? 믿기지 않는다고? 뭔 소리야. 누가 봐도 나잖아. 그만 얘기해. 그리고 너는 요즘 뭘 하고 지내니? 나는 요즘 핸드폰밖에 안 해. 너도 그렇다고? 후, 다행입니다! 나만 그런 줄 알았잖아. 그리고 이건 궁금하지 않아도 그냥 들어. 내가 좋아하는 건 게임, 놀기, 얘기하기 등등 공부 빼고 다 좋아하니까 그렇게 알고 있어. 싫어하는 건 버섯이야. 완전 싫어하니까 얘기도 꺼내지 마. 뭐, 이 정도면 다 쓴 거 같습니다. 나중에 창피하지만 않았으면 좋겠어. 그럼 ㅂ2ㅂ2

By. 익명이

2. 온라인 학급 문집 만들기

온라인 학급 문집을 만들면서 학생들과 추억을 쌓아 가는 것은 어떨까요? 담임과 학생들의 상호 작용이 늘 과제 수행을 재촉하는 데에만 국한되면 학생과 관계가 틀어지기 쉽습니다. 하지만 학생들과 추억을 만들어 가는 활동을 하면 학생들과의 관계를 긍정적인 방향으로 이끌어 갈 수 있어요. 학급 문집에 실을 내용을 토론할 때 평소 학생들이 어떤 생각을 하고 있는지 확인하고 소통하는 '간접 상담'의 시간이 될 수도 있으니 일석이조입니다.

온라인 조회 시간을 활용해 학생들의 생각을 들을 수 있는 질문을 제시하고, 대답을 받아 학생들에게 피드백해 줍니다. 이것을 학생을 이해하는 데도 활용하고 문집에도 실으면 좋아요. 문집에 활용할 수 있는 내용으로는 자기의 장점 쓰기, 친구들에게 하고 싶은 말 쓰기, 자기 자신에게 하고 싶은 말 쓰기, 친구에게 랜덤으로 편지 쓰기 등이 있습니다.

> **교사:** 오늘은 '나의 가장 큰 장점'을 적어 보도록 해요.
> **학생:** 제 장점은 실수를 해도 만회할 수 있는 능력이라고 생각해요!
> **교사:** 우리 ○○이. 맞아. 누구나 실수할 수 있지만 그걸 만회할 수 있는 것은 엄청난 능력이야. 실수했다고 위축되지 말고, 지금처럼 그 실수를 기회로 삼는 ○○이가 되길 바라.^^

3. 온라인 생일 파티

온라인 수업 기간 중 반 학생의 생일이 있다면 직접 챙겨 주기는 어렵습니다. 이때 패들렛을 활용해 반 아이들에게 생일 축하 메시지를 적게 한 뒤, 생일을 맞은 아이에게 전달하는 방법으로 학급 행사를 진행할 수 있습니다.

또 선생님이 매우 소액의 온라인 모바일 상품권에 축하 메시지를 적어서 생일을 맞은 학생에게 보내 준다면 기분도, 감동도 두 배가 될 거예요.

06

도난 사고
예방과 처리

　학기 초에 도난 사고에 관해 미리 이야기를 해 두는 것이 좋습니다. 잃어버리면 아쉬운 물건은 학교에 가져오지 않는 것을 원칙으로 하고, 도난 사건이 일어나면 도난품을 되찾는 일도, 범인을 밝히는 일도 거의 불가능할 정도로 힘들다는 것을 말해 둡니다.

　또 도난 사건이 일어나면 편지나 문자를 통해 학부모들에게 학생들이 큰돈이나 귀중품을 가지고 다니지 않도록 안내해야 합니다. 그리고 타인으로 하여금 욕심이 들지 않도록 자기 물건을 잘 챙기는 습관과 자기 물건이 아니라면 절대 건드리지 않는 행동을 함께 교육해야 해요.

모든 생활지도가 그렇듯이, 교사가 할 수 있는 일은 사전 교육과 사건 이후의 교육이 아닌가 합니다.

소지품 실명제와 안내문 붙이기

"동생 줄 것은 없어도 도둑 줄 것은 있다(無贈弟物 有贈盜物)."라는 말이 있습니다. 아무리 살림이 어려운 집이라도 도둑이 가져갈 만한 물건은 있다는 뜻입니다. 교실에서 도난 사고가 일어나면 참 난감합니다. 일어나지 않도록 예방하는 것이 최선입니다.

도난 사고가 일어났는데 훔친 아이가 끝까지 자기 물건이라고 우기는 경우가 많습니다. 이러한 낭패를 겪지 않으려면 자기 물건에 이름을 써 두게 하세요. 책이라면 굵은 유성 펜으로 책 모서리에 이름을 쓰도록 합니다.

3월에는 다른 반 출입 금지

3월 한 달 동안은 쉬는 시간이나 점심시간에 다른 반 학생이 우리 반에 들어오지 않게 학급 전원이 감시하도록 권유하고 벌점을 부여합니다. 대여섯 차례 점심시간 순회를 하면서 교실 앞뒤 유리창에 아래와 같이 문구를 써 붙여 다른 반에서 놀러 오는 아이들에게 양해를 구합니다.

> 학급 사정에 따라 다른 반 학생의 출입을 무기한 금합니다.
> 용건이 있으면 입구에서 친구를 불러 주세요.
> 불편을 드려 죄송합니다.
>
> 담임 ○○○ 배상

효과는 상당히 좋습니다. 다른 반 아이들이 교실에 들어와서 적어도 큰 소리로 분위기를 휘젓지는 못합니다.

담임 보관제

도난 방지를 위해서 "맡겨. 맡겨. 모든 걸 다 맡겨! 맡긴 금품에 대한 모든 책임은 담임이 진다. 하지만 맡기지 않은 물건을 잃어버렸다면 담임에게 와서 말도 하지 마!"라고 일러 둡니다.

유감이지만 잃어버린 물건을 되찾아 본 적 없다는 경험도 이야기해 줍니다. 학교에 스마트폰이나 고가품을 가져오는 것을 구태여 말리지는 않으나 한 가지 조건을 제시합니다. "잃어버려도 담임에게 절대 신고하지 말 것!" 실제로도 담임에게 맡기지 않은 물건을 잃어버렸다며 찾아 주길 바라면 "참 안되었구나!"라고 어깨를 으쓱하고 돌려보내 아이가 경각심을 갖도록 합니다.

특히 아이들이 서로 얼굴을 잘 모르는 3월 초가 가장 위험합니다. 조회 때마다 액수가 큰 돈(학원비 등)은 선생님에게 맡기도록 합니다. 처음에는 맡기라고 해도 잘 안 맡기는데, 새로운 선생님이 낯설어서 그러지 않을까 싶습니다. 그럴 때는 담임이 먼저 "오늘은 뭐 맡길 거 없우?"라고 편하게 말해 주는 것이 포인트입니다. 4월쯤 되면 학생들이 알아서 맡깁니다.

우리 반의 귀중품 보관 규칙

1. 잃어버려도 아깝지 않은 물건만 가지고 오기
2. 귀중품은 담임에게 맡기기
3. 맡기지 않은 귀중품은 잃어버려도 자기가 책임지기

※교실 안에 CCTV가 없고 지문을 찍기 어려운 우리나라 학교에서는 분실물을 되찾기가 불가능에 가까워요. 내 귀중품 내가 잘 지키자!

경호 팀장

1인 1역의 경호 팀장에게 특별실 이동 시 문단속을 철저히 하도록 일러서 교실 문을 열어 둔 채 나가는 일이 없도록 합니다. 담임의 사전 허락 없이 다른 친구가 교실에 남지 않도록 합니다.

체육 시간을 포함해 이동 수업 시간에는 '잃어버리면 서글퍼질 모든 물건'을 다용도 주머니(학급비로 문구점에서 구입)에 '퐁당퐁당' 넣도록 하고, 경호 팀장은 이 주머니를 챙겨 교무실의 선생님 책상 등 약속된 공간에 보관해 두었다가 수업이 끝나면 다시 나누어 주도록 합니다.

다음은 경호 팀장을 맡았던 학생이 쓴 글입니다.

> 제가 맡은 1인 1역 역할은 '경호 팀장'입니다. 많은 아이들이 그랬던 것처럼 저 또한 처음 1인 1역을 정할 때 선생님께서 선착순이라고 하셔서 가장 편하고 쉬운 것을 하려고 맨 먼저 선택했던 것이 출석부 담당이었습니다. 왜냐면 선생님께서 선생님의 사인을 확인하는 것이 출석부 담당이 하는 일이라고 하셨기 때문입니다. 그런데 확정된 표를 보니 출석부 담당이 경호 팀장으로 바뀌어 있었습니다. 우리 반 경호 팀장은 출석부 담당, 이동 수업 때 귀중품 보관 담당, 이동 수업 및 방과 후 에어컨이나 히터 끄기 담당, 교실 환기 담당, 뒷문 잠그기 담당을 합쳐 놓은 것이었는데, 이 모든 일을 제가 해야 한다고 하니 깜짝 놀라고 당황스러웠던 게 사실입니다.
> 그러나 그것은 쉽고 편한 일만 하려고 했던 이기적인 저의 모습을 반성할 수 있게 해 준 좋은 계기가 되었습니다. 반성은 곧 열심히 하고자 하는 의지

와 다짐이 되어 이 일을 더욱 열심히 하게 만들어 주었습니다. 제가 주로 하는 일은 출석부 담당인데, 이동 수업을 하러 갈 때 마지막으로 교실 문을 잠그고 나가고, 수업이 끝나면 맨 먼저 와서 교실 문을 열어 놓는 것입니다. 학기 초에는 반 친구들이랑 친해져야 한다는 조바심이 있어서 1인 1역이 그것을 방해한다고 생각했습니다. 다른 애들은 다 같이 나가는데 저 혼자 마지막까지 기다렸다가 허겁지겁 문을 잠그고 뛰어나가고 맨 먼저 뛰어와야만 했기 때문입니다. 그래서 보이지 않는 스트레스도 있었고, 이 역할에 불만도 생길 수밖에 없었습니다. 그러나 시간이 가고 같이 기다려 주는 아이들도 생기면서 자연스럽게 마지막으로 나가는 시간이 지루하게 느껴지지 않게 되었습니다.

그리고 아이들이 다 나갈 때까지 기다리는 시간에 혹시나 빠뜨린 준비물은 없나 다시 한번 둘러보게 되고 생각하게 되는 좋은 점도 있다는 사실을 깨달았습니다. 또한 이동 수업이 끝난 뒤 가장 먼저 뛰어와서 앞문과 뒷문을 열어 놓았을 때 반 친구들을 밖에서 오랫동안 기다리지 않게 했다는 뿌듯함과 만족감이 제 자신을 즐겁게 해 주었으며 책임감을 갖게 해 주었습니다.

모든 일은 마음먹기 나름인 것 같습니다. '하기 싫다. 하기 싫다.' 했을 땐 정말 하기 싫었는데 마음을 고쳐먹고 보니 더 많은 일을 기분 좋게 해낼 수 있게 되었습니다. 솔직히 이 역할이 힘 하나 안 들고 너무 재밌고 즐겁기만 하다면 거짓말일 것입니다. 그러나 '경호 팀장'이라는 저의 역할은 조금 어렵긴 하지만 저에게 많이 부족했던 책임감을 갖게 해 주었고, 남을 생각하고 배려하는 방법을 몸소 느끼게 해 주었습니다. 2학기가 끝날 때까지 힘차게 뛰어다니겠습니다!

도난 사고가 발생했을 때

이와 같이 철저히 예방을 했음에도 도난 사고가 발생했을 때에는 어떻게 대처해야 할까요? 다음 사례들을 통해 대처법을 배워 봅시다.

> 반에서 문화 상품권이 없어졌었어요. 빈 사물함 하나를 정해서 그곳에 돌려 놓으라고 했어요. 그날 교실 문을 잠그진 않았고요. 다음 날 바로 가져다 놓았더군요.
>
> 미술 교사 단톡방에서

Q. 저희 반(중 2) **아이의 새 스마트폰이 분실되었어요. 이동 수업 때 문이 열려 있었다고 합니다. 저도 스쿨 폴리스**(SPO)**에 신고는 했는데 조사하러 온다는 연락은 아직 없습니다. 조회·종례 때마다 돌려만 주면 이번만은 눈감아 주겠다고 했습니다. 설마 우리 반 아이가 가져갔으랴 싶네요. 어쨌건 분실인지, 도난인지 너무 골치 아픈 사건입니다. 어떻게 하죠?**

A. 휴대전화 절도 비상이네요! 지난주 서울남부지방법원 소년 재판에서 고 3 학생이 훔친 휴대전화 열 대를 팔다 잡혀서 징역 3년을 선고받았답니다. 스쿨 폴리스의 문자를 전합니다.

"경찰은 휴대전화 구입 조직 책임자를 잡으면 휴대전화 사용 내역 전부를 조회해 범인에게 팔아넘긴 사람들도 조사합니다. 인터넷 중고품 거래 사이트도 사이버 범죄수사단이 전부 검색하고 있어요. 미심쩍을 경우, 살 사람을 가장해 범인을 체포하고 있습니다. 습득한 휴대전화는 전원을 꺼 두어도 절도 죄로 처벌받습니다."

경찰하고 범인하고 싸우면 결국 누가 이기겠어요? 완전범죄는 없지요.

인생 망친다는 사실을 분명히 알려 주세요. 적발되면 처벌은 처벌대로 받고 휴대전화 값도 다 변상해 주어야 합니다. 휴대전화 절도는 앞으로는 남아 보여도 뒤로는 밑지는 바보짓입니다.

지금이라도 본인에게 돌려주고 용서를 받으면 처벌이 보류될 수도 있음을 알려 주세요.

Q. 놀랍게도 스마트폰을 찾았습니다! 어제 조회·종례 때 책상이나 사물함에 도로 가져다 놓으면 더 이상 묻지 않겠다고 말하고 선생님께 들은 형사처벌 받은 이야기 등을 다소 과장해서 한참 이야기한 뒤 누구나 실수는 할 수 있으니 얼른 돌려주고 마음 편해지자고 말했는데 갑자기 한 아이가 "여기 있다!"라고 외치면서 극적으로 휴대전화가 나타났어요. 결국 범인은 우리 반이었다는 거죠. 90만 원짜리 폰이 돌아와서 다행이에요.

한 학생이 방과 후에 축구를 하느라 가방에 넣어 둔 휴대전화가 없어졌답니다. 놓아 둔 가방 근처에 있던 한 아이를 의심하더군요. 며칠 전 휴일에 학생들이 교내에 침입해 소란을 피우고 달아난 사안이 있었는데, 운동장 CCTV의 정확도가 높아 학생들을 전부 다 파악할 수 있었다는 이야기가 생각났습니다. 바로 제 페이스북으로 이러한 사실을 알리고 회수가 되지 않으면 경찰에 수사를 의뢰하겠노라고 했습니다. 다음 날 잃어버린 학생의 교실 교탁 안에서 휴대전화가 발견되었습니다. 운동장에 있던 휴대전화가 어떻게 교실까지 걸어갔을까요?^^;

학생들에게 절도죄와 처벌에 대해 상세히 알려 주고, 하루 정도의 말미를 주면서 본래 자리에 돌려놓으면 없던 일로 하겠다고 하면 십중팔구는 돌아옵니다.

A와 B, 두 명의 학생이 생활지도부에 와서 1만 원 한 장을 두고 서로 자기 것이라고 주장한 일이 있었습니다. A는 B가 자기 돈을 가져간 것이라고 했습니다. 누구 돈인지 판별하려면 지문 채취밖에 방법이 없지 않겠냐며 돈을 책상 위에 놓으라고 한 다음 나무젓가락으로 집어 비닐봉지에 넣었습니다. 돈을 가지고 있던 B의 지문이야 채취가 되겠지만 B가 돈을 훔쳤다고 말하는 A의 지문이 관건입니다. "지문 조사를 의뢰해서 A의 지문이 나오면 누구 돈이 맞겠니?"라고 물으니 두 아이 모두 A의 것이라 답합니다. "그럼 B는 절도죄가 되겠지?" 순순히 수긍합니다. 둘 다 자기 것이라고 확신하는 듯합니다. "A의 지문이 나오지 않으면 누구 돈이니?"라고 물으니 두 아이 모두 B의 것이라 답합니다. 인터넷으로 무고죄를 검색해 두 아이에게 보여 주었습니다.

　　무고죄誣告罪, Defamation는 타인으로 하여금 형사처분 또는 징계처분을 받게 할 목적으로 수사기관이나 공무소 또는 공무원에 대하여 허위의 사실을 신고함으로써 성립되는 대한민국 형법상의 범죄를 말한다. 10년 이하의 징역 또는 1500만 원 이하의 벌금에 처한다.

　　A한테 B가 도둑이라고 허위의 사실을 신고했으니 무고죄가 되지 않겠느냐고 물으니 역시 순순히 답을 합니다. 경찰에 신고하면 둘 중

한 사람은 범죄 전과자가 되니 오늘 하루 집에 가서 차분하게 생각하고 내일 다시 오면 어떻겠냐고 물으니 알겠다고 대답하고 돌아갔습니다. 다음 날 어떻게 하는 게 좋겠냐고 물으니 둘 다 그냥 신고하지 않는 게 좋겠답니다. 그래서 "그럼 담임이 보관해 두었다가 연말에 불우 이웃 돕기 성금으로 내면 어떻겠니?"라고 제안하니 그렇게 하시랍니다. 아이들 보는 앞에서 학교 상벌점 프로그램을 열어 규정의 선행 상점 항목에 따라 2점씩 주었습니다.

또 이런 일도 있었습니다. 금요일 하교 후에 한 학생이 찾아와 "수업 끝나고 보니 제 자전거가 사라졌어요!"라고 하소연을 하더군요. 아이에게 자초지종을 물어 페이스북에 다음과 같은 글을 올렸습니다.

△△△에 세워 두었던 본교생의 ○○자전거를 찾습니다.
○○색이고 안장은 □색에 조금 찢어져 있고
손잡이에는 □색 테이프가 조금 감겨 있답니다.
보신 분 제게 연락 주세요.
내일까지 기다려 보고 못 찾으면 ○○경찰서에 수사 의뢰하려고 합니다.
제 휴대전화 번호는 010-○○○○-○○○○입니다.
제보 시 상점 3점 드리고 짬뽕 사 드림. ^_^

글을 올린 지 20분 만에 한 학생이 자기가 가져갔다고 페이스북

메시지로 자백을 해서 바로 되돌려주도록 했습니다. 이렇게 신속하게 자백한 이유는 첫째, 페이스북 글에 자전거 겉모습을 자세히 공개하는 바람에 사람들의 눈을 피해 감추기 어려웠을 테고, 둘째, 평소제가 경찰 카톡 친구가 많다고 홍보를 해 와서 수사 의뢰한다는 말에위축되었고, 셋째, 학생 중 대부분이 제 페친이라 그 네트워크를 피해가기 어렵다고 판단했던 듯합니다. 그냥 솔직히 말해 주어 고맙다고하고, 그다음 주 월요일에 만나 저녁을 사 주었습니다.

그 아이에게 아무 말도 하지 않았습니다. 도둑은 쫓는 것이지 잡는 것이 아니라고 해서요. 다만 그날 저녁에 페이스북 메시지로 장난도 절도임을 명심하라고 한마디 했습니다. 그리고 그다음 날 모든 교실에 이렇게 대자보 만들어 붙였습니다.

금품 절취가 뭐예요?

1. 본인 허락 없이 물건을 빌려 가는 것
2. 놀라게 해 준다는 핑계로 숨기는 등 위치를 이동하는 것
3. 많이 사용한 다음 되돌려주는 것
4. 상당 기간이 지난 뒤에 가져다 놓는 것
5. 빌리고 갚지 않는 것

금품 절취는 교내 봉사부터 출석정지까지

금액에 상관없이 적용됩니다.

피해자가 경찰에 신고할 경우 **절도죄로 6년 이하의 징역 또는 1000만 원 이하의 벌금에 처해집니다. 절도죄는 합의하여도 처벌을 받게 되며 전과 기록이 남습니다.**
경찰의 모든 기록은 절대 삭제되지 않습니다.
경찰의 처벌과 학교의 처벌은 별개로 이루어집니다.

집요한 개념 교육만이 답입니다. 절도죄를 저지른 아이들에게 특별 교육의 일환으로 배움터 도우미 선생님 인솔하에 소년 재판을 참관하고 오도록 한 적도 있습니다. 마침 휴대전화를 훔쳐 열 차례나 인터넷 장터에 판 아이가 징역 3년 형을 선고받은 사례를 참관하고 왔답니다. 이 아이들이 주변 꾸러기들에게 자기들이 얼마나 충격을 받았는지 옮기고 다녔으니 일석이조였지요.

또 이런 일도 있었어요. 자사고에 가고 싶어 하는 아이가 있었는데, 어렵게 살아가는 가정 형편에 포기할 수밖에 없었습니다. 대신 지역 균형제를 목표로 일반고에 왔습니다. 성적은 전교 1등에서 4등으로 떨어졌습니다. 아이는 불안하기도 하고 짜증도 났습니다. "내가 어쩌다 전교 4등이 됐지?"라고 푸념하는 것을 옆에서 듣기도 했습니다. 어느 날 아이는 다른 반에 들어가 물건을 훔치다가 걸렸습니다. 아이가 홧김에 일을 저질렀구나 싶었습니다. 충동적 절도는 충동적 방화와 마찬가지로 우울증 초기에 나타나는 증상이라고 해요.

아이는 선도위원회에서 사회봉사 처분을 받았고, 아이의 상처 받은 마음을 돌봐 줄 사람이 필요하겠다 싶어 생활지도부에 말하고 오랜 지인인 목사님이 운영하는 지역아동센터로 보냈습니다. 목사님이 아이를 위해 노력을 많이 기울여 준 데다 아이가 센터에서 초등학생 학습지도 봉사를 하면서 뜻밖에 자기보다 더 어려운 아이들이 주변에 많음을 깨달은 것 같습니다.

학년말에 아이에게서 휴대전화 문자메시지가 왔습니다. 자기는 선생이란 모두 다 똑같이 잔소리나 하는 성가신 존재인 줄 알았는데 올해 저를 만나 많이 놀라고 교사에 대한 생각이 바뀌었다고 합니다. 학비가 비싼 자사고는 이처럼 그곳에 가지 못하는 아이들을 좌절감에 빠지게 합니다. 과연 이 아이를 절도범으로 만든 진짜 범인은 누구일까요?

또 다른 여학생 이야기입니다. 한 여학생이 늦게 등교하는 날이면 교실 안에서 이런저런 물건이나 돈이 사라졌습니다. 의심은 가지만 교실 안에 CCTV가 없는 상황에서 책임을 묻기 어려웠지요. 결석이 20여 일, 지각도 그 정도, 조퇴도 그만큼. 마침 신문에 난 우울증 기사를 보고 바로 이 아이가 우울증이구나 싶었습니다. 먼저 신문 기사를 복사해 모든 학생들에게 나누어 주면서 "특별히 부모님께 가져다드려서 여러분을 이해하는 데 도움이 되도록 합시다."라고 말했습니다. 그러면서 그 아이의 눈치를 주의 깊게 살폈는데 신문 기사 내용이 자기와 무관하지 않음을 느끼는 표정으로 꼼꼼히 읽더군요. 기사에 나온 우울한 증상이 마음의 병일 수 있음을 모두에게 알리고 혹시 그런 친구가 주위에 있으면 도와주어야 한다고 당부했습니다.

며칠 뒤 아이 어머니에게 전화를 드리니 아이 편에 기사를 받아서 읽어 보았노라고 하시더군요. 아버지가 오래전에 돌아가셨고 그동안에는 별문제 없었는데 중학교 2학년 올라가면서 이상해졌다고 하십니다. 아무래도 아이가 사춘기에 들어서면서 자아 정체성의 위기를 느끼며 우울해진 것 같았습니다. 그날 이후 저는 아이가 개선된 행동을 하나씩 보일 때마다 그 점을 짚어 집요하다 싶을 만큼 격려해 주었습니다.

"오늘은 모처럼 일찍 나왔더구나. 반가웠지만 쑥스러워할까 봐 인사 못 했다."라는 식의 닭살 돋는 문자도 계속 보냈습니다. 점점 지각도 줄어들고 교실 안에서 물건이 사라지는 일도 없어졌습니다. 이듬해 저는 다른 학교로 전근을 갔습니다. 스승의 날이 되자 아이에게서 문자가 한 통 왔습니다.

"생각해 보니 제가 작년에 선생님께 못되게 군 것 같아요. 죄송해요. 고맙습니다."

눈물이 핑 돌았습니다. 절도라는 낯선 행동의 원인도 역시 우울감이었던 것입니다.

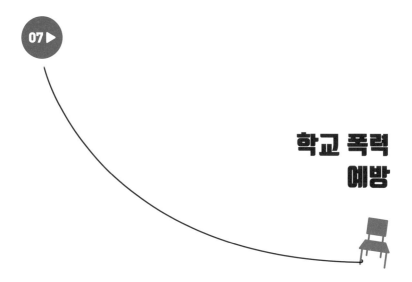

07 ▶

학교 폭력
예방

처벌은 교육적 수단이라기보다는 성인의 분노 배출구다. 훌륭한 교사는
문제행동을 아이가 살아 나가는 데 필요한 기술들을 가르칠 기회로 여길
필요가 있다.

_바버라 카이저, 주디 라스민스키Barbara Kaiser and Judy Rasminsky,

『유·아동기 문제행동 예방 및 지도Challenging Behavior in Young Children』, 158쪽

학생들의 학교생활을 뒤흔들 수 있는 가장 위험한 요소는 뭐니 뭐
니 해도 학교 폭력입니다. 따라서 학교 폭력에 대해 학년 초부터 학년
말까지 끊임없이 교육하고 안내해야 합니다. 학생들이 생각 없이 저

지르는 물리적 폭력과 언어폭력이 굉장히 심각한 결과를 초래할 수 있기 때문이죠.

학급 규칙을 통해 '결과 안내 중심 훈육'을 실시하는 것처럼 학교 폭력 예방 교육 역시 결과 안내 중심 훈육으로 이루어져야 합니다. 평소 학생들이 할 만한 행동 중 어디까지 학교 폭력으로 받아들여지는지, 그리고 그 결과에 어떻게 책임을 져야 하는지 안내해서 자기 스스로 행동을 선택하고 그에 따르는 결과에 책임을 지도록 해야 합니다.

학교 폭력 예방 퀴즈

생활지도부에서 체벌이나 억압 없이 아이들을 지도해 보면 아이들이 개념이 없어서 일으키는 사고가 90퍼센트 이상이라는 걸 알 수 있어요. 예를 들어 일진 학생들에게 왜 돈을 빼앗았냐고 물으면 자기들은 돈을 빌렸지 빼앗은 적이 없다고 태연히 말합니다. 매점 앞에서 상대 아이를 봐 가며 100원도 빌리고 500원도 빌렸다는 것이지요.

안 되겠다 싶어서 퀴즈를 만들어 학교 폭력 예방 교육을 시작했습니다. 당시 은평경찰서 유경희 여청계 계장님의 지원으로 사법 절차를 안내받아 퀴즈를 더욱 전문적으로 제작했어요. 이후 이 퀴즈는 담임으로서도 생활지도에 많은 도움을 주어 3월에 아무리 바빠도 이 교육은 꼭 했고, 그 결과 사안이 놀랍게 줄었습니다. 최근에는 이상인 대학로파출소 소장님에게 많은 자문을 받았습니다.

'학교 폭력 예방 퀴즈' 교육은 징계Punishment 대신 행위의 결과를 미리 안내하고 스스로 선택하게 하는 루돌프 드라이커스Rudolf Dreikurs의 'show-the-consequence-model' 이론과 맞닿아 있습니다. 이를 '결과 안내 중심 훈육'이라고 번역하고 각종 자료를 개발해 돌봄 치유 교실 카페(https://cafe.naver.com/ket21)나 교사 단체 카톡방을 통해 보급해 왔습니다.

조회 시간에 퀴즈 자료를 출력해서 학생들에게 나눠 주고 퀴즈를 풀어 보게 합니다. 이어서 각 사안에 대해 어떤 결과가 생기는지 하나씩 설명하고, 퀴즈 정답을 많이 맞힌 학생들에게 간단한 선물을 주면서 정리합니다. 이후, 학생들이 생활하는 모습에서 학교 폭력에 해당하는 행동이 보이면 "이럴 때에는 어떤 범죄에 해당한다고 했지?"라고 물어보면서 잊어버리지 않도록 지속적으로 상기시키면 효과적입니다.

'학교 폭력 예방 퀴즈'는 돌봄 치유 교실 카페에 모두 탑재되어 있습니다(https://cafe.naver.com/ket21/14911).

학교 폭력 예방 퀴즈 (2019년)

- 다음 학교 폭력 현상에 대한 문제를 읽고, 알맞은 답을 보기에서 골라 보세요.

1. 미인정 지각, 결과, 조퇴는 언제 삭제되는가? (   )

   ① 학년말 ② 졸업할 때 ③ 졸업 3년 뒤 ④ 졸업 20년 뒤 ⑤ 삭제 안 됨.

   https://youtu.be/4fNDbdohn-g 〈꾀병도 병 송〉을 함께 불러요.^^

2. 다음 중 무료로 금연을 도와주는 클리닉이 있는 곳은? (   )

   ① 경찰서 ② 구치소 ③ 보건소 ④ 종합병원 ⑤ 한의원

   https://nosmk.khealth.or.kr/nsk/ntcc/subIndex/66.do

3.
   > 공립학교 입학시험에서 이른바 '커닝'이라고 불리는 부정행위를 벌이면 '위계에 의한 공무집행방해죄(형법 제137조)'가 성립하고, 사립학교 입학시험에서 부정행위를 저지르면 '위계에 의한 업무방해죄(형법 제314조)'가 성립합니다. 형법 제137조 공무원의 직무 집행을 방해한 자는 (가)(   )년 이하의 징역 또는 (나)(   )만 원 이하의 벌금에 처합니다.

   (가)-(나)에 알맞은 숫자는? (   )

   ① 1-100   ② 2-200   ③ 3-300   ④ 5-500   ⑤ 5-1000

4. "코노에 갔다가 아무개하고 아무개가 키스하는 것을 보고 몰래 사진을 찍었다.", "누구네 엄마는 장애인이고, 누구네 아빠 안 계시다."라는 내용은 사실이다. 하지만 이런 사실을 카톡방에 알리면 학교 폭력이고 범죄이다. 무슨 죄에 해당할까? (   )

   ① 협박죄 ② 강요죄 ③ 사기죄 ④ 명예훼손죄 ⑤ 공연음란죄

   https://youtu.be/oF_pfRAq6vM 〈놀리지 마 송〉, 〈학교 폭력 명예훼손 개념 송〉

5.

위의 두 사례에서 3학년 학생들이 한 행동은 무슨 죄에 해당할까? (   )

① 공갈죄   ② 강요죄   ③ 사기죄   ④ 명예훼손죄   ⑤ 불안감 조성죄

https://cafe.naver.com/ket21/3657

6. 화장실에서 친구가 한 학년 아래인 1학년 아이들을 불러 때리는데 팔짱 끼고 구경만 했다면 무죄이다. (O, X)

7. (서술형) **중학생 ○○이는 돈이 모자라 초등학생 표를 끊어 지하철을 탔고, 역에 도착해 개찰구를 나오다가 역무원에게 잡혔다. 역무원이 부모님 연락처를 말하라고 했지만 혼이 날까 봐 겁이 난 ○○이는 대답을 하지 않았고, 잠시 뒤 경찰에게 인계되어 경찰서로 갔다. ○○이는 그제야 엄마에게 연락하고 진술서를 쓴 뒤 재판을 받게 될지도 모른다는 얘기를 듣고 일단 집으로 돌아갔다. 과태료로 지하철 요금의 몇십 배만 내면 되는 줄 알았는데 무슨 죄로 재판을 받게 된다는 걸까? (   )**

① 공갈죄   ② 강요죄   ③ 사기죄   ④ 명예훼손죄   ⑤ 불안감 조성죄

http://cafe.naver.com/ket21/5159

8. (서술형) **사생 대회 때 친구들과 물건을 사러 편의점에 갔다가 알바 형이 안 보는 틈을 타 주머니에 하나를 몰래 쓱 넣었습니다. 형이 눈치를 챘는지 다가와 꺼내 보라고 했습니다. 저는 "아무 짓 안 했는데 왜 생사람 잡느냐!"라고 우기며 물건을 내놓지 않고 욕을 하며 버텼습니다. 알바 형이 녹음해 신고한다고 해서 더 열받아 욕을 했습니다. 얼마 뒤 법원에서 재판에 참석하라는 통보를 받았는데 그냥 가지 않았습니다. 모욕죄를 저질렀**

다며 벌금 100만 원을 내라고 했고, 엄마는 "네가 벌인 일이니 네가 책임져야지."라고 말씀하시며 내 용돈 통장에서 벌금을 냈습니다. 석 달 뒤, 법원에서 300만 원을 또 내라고 연락이 왔습니다. 두 번째 300만 원은 왜 또 내라는 걸까요? 10년 넘게 세뱃돈이랑 용돈을 모아 저축한 제 통장에 이제 한 푼도 남지 않았습니다.

이 사례에서 300만 원은 무엇에 해당할까? (   )

https://cafe.naver.com/ket21/10886

9. 다음 김정섭 선생님이 쓴 시의 제목을 세 글자로 표현하면? (   )

강도 센 생일빵은, 축하를 빙자한 폭력입니다.

https://cafe.naver.com/ket21/11899

강도 센 얼음땡은, 게임을 빙자한 신체적 폭력입니다.

강도 센 참참참 뽕망치는, 게임을 빙자한 폭행입니다.

공을 빌려 망가뜨린 것은, 미안함을 빙자한 금품 갈취입니다.

기절 놀이는, 장난을 빙자한 살인미수입니다.

https://youtu.be/bLfiE20_ZaI (기절 놀이 퇴학)

모둠에서 특정인에게만 패스를 안 하는 것은, 연습을 빙자한 따돌림입니다.

상대 팀에 대한 저격을 경기장이 아닌 인터넷에 올린 것은,

표현의 자유를 빙자한 사이버 폭력입니다.

아이스케키는, 관심 놀이를 빙자한 성추행입니다.

의자 빼기는, 장난을 빙자한 폭력입니다.

https://cafe.naver.com/ket21/13729 (의자 빼기 폭력)

자신이 잘못 던진 공을 가져오라고 하는 것은, 셔틀을 빙자한 강요입니다.

놀라게 한다고 자전거를 숨겨 놓는 것은, 장난을 빙자한 절도입니다.

https://cafe.naver.com/ket21/8904

체육복을 빌리고 돌려주지 않는 것은, 깜빡함을 빙자한 금품 갈취입니다.

헤드록은, 프로레슬링 기술을 빙자한 폭력입니다.

당신이 하고 있는 것은 장난인가, 아니면 빙자한 그 무엇인가?

10. (서술형) **소년원장을 지낸 전직 검사가 학교 폭력 특강을 왔다. 그는 "평소에는 소년원에 오는 아이들과 일반 청소년이 구별이 안 되지만 잘 관찰해보면 소년원생들에게는 ○○○ ○○이 있다."라고 말했다. 빈칸에 알맞은 말은 무엇일까? (   )**

https://youtu.be/RWTyUSWjSAw 〈분노 조절 송〉 함께 불러요.

- 위의 내용은 모두 교칙 위반을 넘어 실제 범죄로서 법에 의해 처벌이 된 사례들입니다. 이런 상황을 직접 겪거나 본 학생은 담임선생님이나 생활지도부에 도움을 요청하세요.

| 정답 및 해설 |

1. ⑤

미인정 지각, 조퇴, 결과, 결석은 생활기록부에 영구히 보존됩니다.

2. ③

3. ⑤

4. ④

사실이라 할지라도 개인 정보를 유포할 경우 '개인 정보 보호법'에 위반될 뿐 아니라 명예훼손죄로 처벌받습니다.

5. ②

이른바 '기합(얼차려)'은 군대에서만 벌어지는 일이 아닙니다. 이런 경우에 문제 되는 범죄는 '강요죄強要罪'입니다. 강요죄는 폭행 또는 협박으로 사람의 권리 행사를 방해하거나 의무가 아닌 일을 하게 하는 범죄입니다. 폭행이란 다른 사람의 몸에 직접 가하지 않더라도 자기 뜻대로 활동하지 못하게 하는 것도 포함합니다. 협박이란 상대방이 현실적으로 두려움을 일으키게 하는 것입니다. 의무가 없는 일을 하게 한다는 것은 자신에게 아무런 권리나 권한이 없고, 상대방이 그에 따라야 할 의무가 없음에도 일정한 행위를 하게 하거나 못하게 하는 것을 말합니다. 강요죄에 해당하는 행위를 반복해서 하거나 또는 둘 이상이 공동으로 하거나 흉기 등 위험한 물건을 휴대하고 하거나, 단체 또는 다중이 위력을 보여 행할 때에는 '폭력 행위 등 처벌에 관한 법률'에 의해 가중처벌됩니다. 후배들은 '학폭이'의 얼차려에 따를 의무가 없으며, '학폭이'는 이러한 것을 협박했으므로 '강요죄'에 해당해 학교 폭력으로 보호처분을 받을 뿐 아니라 경찰에 신고할 경우 강요죄로 5년 이하의 징역에 처합니다(형법 제324조).

6. X

화장실에서 때리는 학생 옆에서 팔짱 끼고 구경했어요.

※밀폐 공간에서 묵시적 가담 행위, 상대방에게 공포심으로 저항 의지 포기케 함.

※집단 폭행 → 폭력 행위 등 처벌에 관한 법률 위반(단순 폭행 법정형+2분의 1 가중)

  폭행죄: 2년 이하 징역 또는 700만 원 이하 벌금

https://cafe.naver.com/ket21/10886

7. ③

백일장, 사생 대회를 앞두고 가정 통신문에 지하철 부정 승차를 하지 않도록 지도했음에도 2학년 학생 세 명이 초등학생 요금으로 타고 가다가 부정 요금으로 적발되어 총 4만 1850원의 과태료를 냈다고 합니다. 해당 학생들은 페이스북과 학급 단톡방을 통해 교육했습니다.

https://youtu.be/S65akjuhJis

적발되었는데 달아나다가 경찰에 붙잡히면 사기죄 현행범으로 500만 원 이하의 벌금이나 3년 이하의 징역에 처해집니다.

http://cafe.naver.com/ket21/5159

본인들은 장난삼아 하겠지만 전과까지 생길 수 있음을 다시 한번 안내해 주시면 고맙겠습니다.

벌점 기준표 항목에는 없지만 기타 5번 항목 '상기 내용에 포함되지 않으나 벌점을 부여해야 할 사항'으로 보고 2점을 부여하고자 합니다.

8. 정신적 피해 보상

9. 빙자한

10. 욱하는 성질

강지원 변호사님이 소년원장 시절 교사 1정 연수 특강에서 들려주신 말씀입니다.

https://cafe.naver.com/ket21/198

학교 폭력 예방 퀴즈 (2020년)

- 다음은 교칙 위반을 넘어 실제 범죄로 법에 의해 처벌되는 사례들입니다. 이런 상황을 직접 겪거나 본 학생은 담임선생님이나 상담선생님에게 도움을 요청하세요.

1. 길에서 주운 휴대전화는 주인이 없으므로 내가 가져도 된다. (O, X)

2. 친구가 다른 반 교실에서 물건을 훔치는데 교실 문 앞에 서 있어 달라고 해서 서 있기만 했다. 나는 무죄이다. (O, X)

3. 주인 없어 보이는 낡은 자전거가 있어서 좀 타다가 다시 갖다 놓으려고 했다. 그런데 경찰 아저씨에게 붙잡혔다. 훔칠 의사가 없었으므로 나는 무죄이다. (O, X)

4. ○○이는 친구들에게 돈을 빌려 달라고 하고 갚지 않는다. 기억력이 나쁜 것이지 죄는 아니다. (O, X)

5. 아침부터 기분이 안 좋았는데 친구가 똥침 장난을 했다. 홧김에 친구 얼굴 쪽으로 팔을 휘둘렀는데 안경이 날아가고 코뼈가 부러졌다. 고의가 아니었으므로 무죄이다. (O, X)

6. 화장실에서 싸움이 벌어져 때리는 학생 옆에서 팔짱 끼고 구경만 했다면 무죄이다. (O, X)

7. 심심해서 장애 친구에게 가위바위보 놀이를 하자고 했더니 계속 바위만 내서 나는 보를 내 딱밤을 때렸다. 공정한 놀이였으므로 무죄이다. (O, X)

8. 나는 수업 시간에 집중도 잘 안 되고, 선생님 말씀이 끝나기도 전에 자꾸 질문을 하게 되고, 물건도 자주 잃어버린다. 다음 중 내게 의심되는 마음의 병의 종류는 무엇일까? (   )
   ① 우울증   ② ADHD   ③ 인터넷 중독   ④ 외상 후 스트레스 장애

9. 다음 중 학교 폭력을 예방하기 위한 방법이 아닌 것은? (   )
   ① 단순한 장난이라도 상대방은 괴로워할 수 있으며, 나도 폭력 피해자로

괴로움을 당할 수 있다는 생각을 한다.

② 자신이 못났기 때문에 폭력을 당한 것이라는 생각을 하지 말고 적극적으로 해결할 수 있다는 자신감을 가진다.

③ 폭력을 당했던 상황을 기억하면 기분만 나쁘니까 그때 상황을 메모하지 않는 것이 좋다.

④ 혹시라도 폭력을 당했을 때 신고할 수 있는 전화번호를 알아 둔다.

10. 계단에서 휴대전화로 여학생 치마 속을 몰래 찍었다. 관심도 없는 아이에게 그냥 장난삼아 했으므로 무죄이다. (O, X)

★ 내게 도움이 된 문항은 무엇인가요? 그 이유도 써 보세요.

( ) 번, 이유: _____

★ 학교 폭력에 대한 나의 다짐: _____

| 정답 및 해설 |

1. X

주운 휴대전화를 돌려주지 않았어요.

휴대전화를 어디서 습득했는가에 따라 적용되는 법이 달라집니다. 일반적으로 가장 습득하기 쉬운 '길거리, 시내버스, 고속버스, 지하철, 택시' 등과 같이 관리인이 없는 곳에서 주운 휴대전화는 '점유 이탈물 횡령죄'가 적용됩니다.

※ 점유물탈물횡령죄占有離脫物橫領罪란?

1년 이하의 징역이나 300만 원 이하의 벌금 또는 과료에 처하며, 친족 간의 범행에 관한 특례가 적용됩니다. 점유 이탈물이라 함은 점유자의 의사에 의하지 아니하고 그 점유를 떠났으되 아직 누구의 점유에도 속하지 않는 물건을 말합니다. 타인의 재물을 영득하는 죄라는 점에서 횡령죄와 공통점이 있지만, 위탁 관계에 의한 관계의 배반을 내용으로 하지 않는다는 점에서 횡령죄나 업무상 횡령죄와는 구별됩니다.

하지만 학교, 병원, 은행, 당구장, 개인택시에서 주운 물건은 훨씬 무거운 형량인 절도죄가 성립됩니다. 관리자가 있어 물건의 본래 주인을 찾아 돌려줄 수 있는데도 돌려주지 않았기 때문입니다. 이 경우는 6년 이하의 징역 또는 1000만 원 이하의 벌금

형에 처해집니다. 따라서 무심코 휴대전화를 습득했다면 교내의 경우 생활지도부에 신고하고, 교외의 경우 우체국에 맡기는 방법을 추천합니다. 우체국에 주인 잃은 휴대선화를 가져가면 최고 2만 원 상당의 상품권을 주기도 하고, 또한 '분실물에 대한 주인 찾아 주기'도 우체국에서 맡아 해 주어서 서로가 편하고, 잠재적인 범죄를 막는 데 도움이 됩니다.

2. X

친구가 다른 반 교실에 가서 물건 훔치는 데 교실 문 앞에 서서 망을 본 행위

※망을 본 행위 → 공동정범, 즉 공범으로 해석 → 특수 절도(2인 이상 절도)

절도 법정형: 1년 이상 10년 이하 징역

특수절도 법정형: 6년 이하 징역 100만 원 이하 벌금

3. X

훔칠 의사가 있는지 없는지는 증명하기 어렵습니다.

※미필적 고의에 의한 절도

4. X

금품 갈취 공갈죄: 갚겠다는 확실한 약속 없이 돈을 자꾸 빌려 달라고 해요.

※상대방이 위협을 느껴 → 금품 갈취 → 공갈죄(10년 이하 징역 또는 2000만 원 이하 벌금)

※상습적으로 공갈 → 폭력 행위 등 처벌에 관한 법률 제3조 위반(5년 이상 유기징역)

5. X

상해죄: 형법 제260조 제1항에 따르면 "사람의 신체, 즉 몸이죠? 몸에 폭행을 가한 사람은 폭행죄에 해당하고, 2년 이하의 징역 또는 500만 원 이하의 벌금 등에 처하게 된다."라고 규정하고 있습니다.

친구 얼굴 쪽으로 팔을 휘둘러 안경이 날아가고 코뼈가 부러졌다면 폭행입니다. 손목을 세게 한 번 잡았다고 하더라도 친구에게 힘을 쓰는 것 자체가 폭행이 됩니다. 친구 사이에 사소한 폭력이라도 행사하지 않는 것이 바람직하죠. 더욱이 여러분이 성인이 되어 사회생활을 하다 보면 다툼으로 번질 만한 상황도 생길 것입니다. 하지만 폭력을 쓰지 않고 슬기롭게 대처해 주먹다짐으로 경찰서까지 가는 일은 절대로 생기지 않도록 해야 합니다. 다른 사람의 입장에서 포용하는 마음으로 원만한 대인 관계를 유지하도록 스스로 노력해야겠죠?

6. X

화장실에서 싸움이 벌어졌을 때 때리는 학생 옆에서 팔짱 끼고 구경한 행위

※밀폐 공간에서 묵시적 가담 행위, 상대방에게 공포심으로 저항 의지 포기하게 함.

※집단 폭행 → 폭력 행위 등 처벌에 관한 법률 위반(단순 폭행 법정형＋2분의 1 가중)

　폭행죄: 2년 이하 징역 또는 700만 원 이하 벌금

7. X

심심해서 장애 친구에게 놀이를 유도해 딱밤을 때린 행위

※ 장애인 차별 금지 및 권리 구제 등에 관한 법률 제32조(괴롭힘 등의 금지)

　3항: 누구든지 장애를 이유로 학교, 시설, 직장, 지역사회 등에서 장애인에게 집단 따돌림을 가하거나 모욕감을 주거나 비하를 유발하는 언어적 표현이나 행동을 해서는 안 됩니다. 이를 위반하면 3년 이하의 징역 또는 3000만 원 이하의 벌금형에 처해집니다.

8. ②

주의력 결핍 과다 행동 장애注意力缺乏過多行動障碍, 줄여서 ADHDAttention Deficit Hyperactivity Disorder는 주의가 산만하고 과다 활동과 충동성과 학습 장애를 보이는 소아·청소년기의 정신과적 장애입니다. 주의력 결핍 과잉 행동 장애注意力缺乏過剩行動障碍라고도 합니다. 1970년대까지 소아기에 발병해 청소년기까지 지속되는 것으로 알려졌지만, 연구 결과 성인기까지 지속되는 경우도 많은 것으로 밝혀졌습니다. 조기에 발견하면 성인기까지 증상이 지속되는 것을 막을 가능성이 커집니다. 특히 이 장애는 남자에게서 많이 발생합니다. 또한 어릴 때 많이 발생하고, 성장하면서 많이 줄어들지만 성인이 되고 나서도 이 장애가 있는 사람도 많은 편입니다.

9. ③

기록이 최고의 증거입니다. 찍고 쓰고 녹음하고 캡처하세요.

10. X

카메라나 그 밖에 이와 유사한 기능을 갖춘 기계장치를 이용하여 성적 욕망 또는 수치심을 유발할 수 있는 다른 사람의 신체를 그 의사에 반하여 촬영한 때에는 5년 이하의 징역 또는 1000만 원 이하의 벌금형에 처해집니다.

노래를 통한 학교 폭력 예방

오랜 세월 아이들을 지켜보며 깨달은 것을 노랫말로 써서 쉬운 동요에 붙여 보았습니다. 아이들이 자주 불러 입에 붙어 스며들었으면 합니다. 학교마다 '인성 송 페스티벌'도 열렸으면 싶네요. 대부분 자율 연수 휴직이 끝나 가던 11월쯤 새벽에 올림픽공원에서 조깅하며 작사한 것입니다. 역시 창의력은 충분한 휴식 끝에 꽃피나 봅니다. 휴직을 원하는 시기에 편하게 할 수 있도록 법이 어서 개정되어 교사들이 창의력을 꽃피우길 기원합니다.

가사를 인쇄하거나 화면에 띄워 놓고 원곡 노래방 반주를 휴대전화로 틀고, 블루투스 마이크·스피커로 다 함께 노래를 불러 보세요.

1. 〈꾀병도 병 송〉
원곡: 〈자전거〉

학교 폭력 졸업하면 지워지지만
미인정 지각, 조퇴는 평생 갑니다
[ㅁㅇ→마음]이 아픈 것도 병이랍니다
선생님께 이유를 말씀드려요
https://cafe.naver.com/ket21/110232

2. 〈뒷담 예방 송〉
원곡: 〈산토끼〉

말대꾸 아녜요
[ㅇㄱ→의견]일 뿐이죠
자기 생각 말해야
왕따, 뒷담 사라져요
http://cafe.naver.com/ket21/10944

3. 〈놀리지 마 송〉
원곡: 〈자전거〉

누구 엄마 장애인이라 놀리면 안 돼
틀린 말 아니라도 학교 폭력

누구 아빠 안 계시다 옮기면 안 돼
[ㅌㄹ→틀린] 말 아니라도 학교 폭력
https://cafe.naver.com/ket21/11002

4. 〈폭력 예방 송〉
원곡: 〈서울에서 평양까지〉

시비 걸어와 때렸어도 폭력이고요
때리지 않고 욕만 했어도 폭력이랍니다
남의 얘기 옮겼다면 [ㅅㅅ→사실]이라
도 폭력
재미로 몰라서 욕했어도 폭력
고소 고발되면 전과자도 될 수 있고
벌금부터 피해 보상까지 수백, 수천
만 원
https://cafe.naver.com/ket21/10903

5. 〈ADHD 송〉
원곡: 〈빙고〉

내가 겪는 어려움 ADHD
나댄다고 공격하지 마
나도 모르게 그리 되는걸

내가 겪는 어려움 ADHD
싫어하는 건 집중 어려워도
좋아하는 건 잘할 수 있어

내가 겪는 어려움 ADHD
끼워 주고 [ㅊㅊ→칭찬]해 주면
해낼 수 있어 도와주겠니?
https://cafe.naver.com/ket21/12689

6. 〈손가락질 마 송〉
원곡: 〈자전거〉

잠자는 기계냐고 손가락질 마
서글픔을 잊는 데는 잠이 최고야

까칠한 아이라고 손가락질 마
슬픔이 [ㄱㅅ→가시] 되어 돋아나는걸

판타지나 읽느냐고 손가락질 마
서글픔을 잊는 데는 딴짓이 최고

멍때리기 도사냐고 손가락질 마
답답한 마음을 견디고 있어
http://cafe.naver.com/ket21/11008

7. 〈낯선 행동 예방 송〉
원곡: 〈빙고〉

낯선 행동의 목적
관심 끌기 센 척하기
공격하기 도망가기
원인은 [ㅇㅇㄱ→우울감]

낯선 행동의 예방
엄지척이 답
서로 돕고 인정해 주면
잘할 수 있어 우리는 친구
http://cafe.naver.com/ket21/10823

8. 〈내 인생 만점 송〉
원곡: 〈송아지〉

하루 1% 목표해도 석 달이면 90%
0.1% 잡아도 [3]년이면 100%
백이십까지 산다는데 급할 일이 뭐 있나
하루하루 노력하면 내 인생은 만점^^
(창작)
하루 1% 목표해도 석 달이면 90%
0.1% 잡아도 3년이면 100%
백이십까지 산다는데 급할 일이 뭐
있나
하루하루 (   )하면 내 (   )은(는) 만
점^^
https://cafe.naver.com/ket21/12471

9. 〈진짜 경쟁 송〉
원곡: 〈옹달샘〉

태어날 때 경쟁률 3[억] 대 1이었죠
반에서 1등 전교 1등 부러울 것 없어요
나의 경쟁 상대는 나 자신일 뿐이죠
1만 시간 즐겨 하면 나도 최고 전문가
https://cafe.naver.com/ket21/11032

10. 〈행복한 내 인생 송〉
원곡: 〈송아지〉

지덕체 아니야
체[덕]지랍니다
몸 튼튼 마음 튼튼
행복한 내 인생
https://cafe.naver.com/ket21/13007

11. 〈분노 조절 송〉
원곡: 〈꼬마 눈사람〉

성질 없는 사람이 어디 있나요?
[ㅈㄹㅇ→지렁이]도 밟으면 꿈틀한
대요
욱하고 화를 내면 습관 된대요

성질 없는 사람이 어디 있나요?
[ㅈㄹㅇ→지렁이]도 밟으면 꿈틀한
대요
욱할 땐 숨을 깊게 하나, 둘, 셋
https://cafe.naver.com/ket21/10960

12. 〈제대로 화냈 송〉
원곡: 〈I-Message Song(잘잘잘)〉

네(엄마, 아빠, 선생님)가(께서) 그러
(시)니
내(제) [ㅁㅇ→마음]이 이렇네(이래요)
앞으로는 요렇게 해 주(시)면 어떨까
(어때요)
http://cafe.naver.com/ket21/10827

사이버 학교 폭력 예방하기

온라인 수업 상황이라 학생들이 자주 만나지도 못하고 친해질 시간도 없으니 학교 폭력 사안이 많이 생기지 않을 것 같지만, 그렇지도 않습니다. 학교에 오는 대신 친구들과 사이버공간에서 활발하게 소통하는데, 여기서 문제가 발생할 위험이 있습니다.

학생들은 사이버공간에서 늘 활동하고 있어요. 서로에 대해 잘 알지 못하는 상황인 데다가 사이버공간에서 글자로 자기 생각과 감정을 전달하는 과정에서는 오해가 생기기 쉽고, 금세 만나서 오해를 풀 수 있는 상황도 아니기 때문에 오해가 또 다른 오해를 낳지요. 그 어느 때보다 사이버 학교 폭력을 조심해야 하는 이유도 바로 학생들이 가정에 머무는 시간이 길다는 점입니다.

예시 하나를 살펴볼까요? 온라인 공간에 자기 사진을 즐겨 올리는 A학생에게 B, C, D학생이 A학생의 외모를 폄하하는 욕설과 함께 악의적인 댓글을 달았습니다. A학생은 본인뿐 아니라 다른 사람들이 해당 게시글을 볼 수 있어서 심한 모욕감을 느꼈습니다. 이 사실을 인지한 A학생의 부모님이 곧바로 학교에 학교 폭력 신고를 했습니다. 학생들이 학교에 오지도 않는 상황인데 학교 폭력 사안이 발생한 것이죠. 곧바로 각 담임교사들이 댓글을 올린 학생들에게 사안 조사를 했습니다. 학생들이 학교에 올 수 없는 상황이라 유선으로 통화하면서 사안을 정리하느라 애를 먹었다고 합니다.

B, C, D학생은 장난이었다고 하면서 곧바로 잘못을 인정했습니다. A학생과 학부모에게 어떻게 처리했으면 좋겠냐고 묻자, 댓글 삭제와 함께 잘못에 대한 사과, 그리고 다시는 안 그러겠다는 약속을 받고 싶다고 했습니다. B, C, D학생은 곧바로 댓글을 삭제하고 A학생에게 전화로 사과했습니다. 댓글을 올린 학생들이 곧바로 인정하고 사과를 했기 때문에 사안이 일단락되었지만 학교에 오지 않아도 학교 폭력 사안이 얼마든지 생길 수 있다는 것을 보면 사이버 학교 폭력의 위험성을 짐작할 수 있습니다.

온라인에서는 학생들이 서로 얼굴 보지 않고 대화를 나누기 때문에 상대방에 대한 배려를 놓치기 쉽습니다. 아무리 장난이라 하더라도 당하는 피해자에게는 장난이 아니라 폭력입니다.

더구나 얼굴을 보지 못하면 상황이 악화되기 쉽습니다. 말이 '아' 다르고 '어' 달라서 나의 생각과 감정을 온전하게 전달하는 일이 참 어렵잖아요. 다른 학교 폭력 사안과 마찬가지로, 사이버 학교 폭력이 일어나면 학교 폭력 사안 처리 절차대로 진행해야 합니다. 온라인 수업 기간 중에도 학교 폭력을 예방하기 위한 교육이 무엇보다 중요한 까닭입니다.

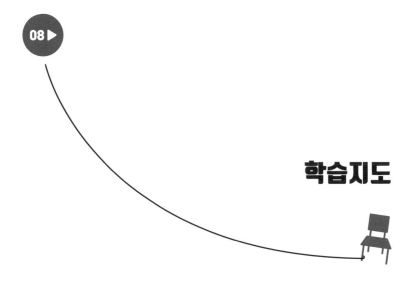

학습지도

　예전에는 아침 자습이 있었지요. 등교 시간 이전에 교실에 와서 자기 주도 학습을 하는 제도인데, 일반고 담임할 때 언제부터인가 아침 자습을 하는 아이들이 점차 줄어들었습니다. 정기 고사 직전에 시험공부하라고 자습 시간을 주면 자습은 고사하고 떠들기 일쑤여서 시험 전날까지 진도를 나가는 것도 일반고에서 흔히 볼 수 있는 모습입니다. 중학교 성적 상위권 학생들이 특성화고로 쑥 빠져나가고 나서 일반고에서 학습 모델을 찾아보기가 드물기 때문이기도 합니다.

　하루는 착실한 학생에게 요즘 아이들이 왜 자습을 안 하냐고 물으니 자습을 하면 애들이 "너는 공부를 그렇게 열심히 하는데 성적은 그 모양이냐?"라고 비아냥거린답니다. 충격적인 말이었지요. 자습이 자랑거리는 못 될망정 조롱거리가 되다니.

자연스럽게 자습하는 분위기가 조성되도록 해야겠다 싶어서 '동료 학습 멘토링' 제도를 만들었습니다.

동료 학습 멘토링

'동료 학습 멘토링'이란 과목별 성적이 우수한 학생들을 멘토로 위촉하고 자습 시간에 그 학생들에게 공부에 도움을 주도록 하는 것입니다. 멘토를 선정할 때에는 '내신 85점 이상, 모의고사 3등급 이내' 등으로 기준을 정해 진행하도록 합니다. 교실 뒤에 아래와 같이 게시합니다.

> 3월 학력 평가 결과 3등급 이내인 학생들을 6월 학력 평가를 위한 모의고사 멘토로 위촉합니다. 동료 학습 멘토링 게시판에 멘티 신청하고 멋진 멘토 링을 해 보시길. 멘토는 물론 멘티도 생활기록부 '적응 활동란'에 모두 기재합니다. 멘티는 복수로 신청이 가능하지만 멘토는 한 과목만 선택하는 것을 원칙으로 합니다.
> 멘토링 활동은 동료 평가하여 최우수 멘토링 조에는 영어 시간에 쓰는 타이 머를 상품으로 드립니다.

6월 모의고사 전국 석차 백분율이 3월보다 오른 학생 숫자만큼 칭찬 스티커를 드려요. 멘토링이 끝나면 반드시 멘토 팀장의 마일리지 기록장에 기록하시고 서명을 받으셔야 인정됩니다. 멘토, 멘티, 아자아자!

불치하문不恥下問이라는 말이 있어요. 배우기 위해서는 자기만 못한 사람에게 묻는 것도 부끄러워할 일이 아니라는 뜻입니다. 담탱이 모르는 거 있으면 여러분에게 묻지요? 하나도 쪽팔려 보이지 않지요? 하물며 친구에게 물어보는 것쯤이야. 경쟁은 가라! 멘토링하는 사회가 진정으로 경쟁력 있는 사회입니다!

동료 학습 멘토링 신청표

과목	멘토	멘티	시간	장소	멘티	시간	장소
과학							
국사							
도덕							
미술							
사탐							
사회							
수리							
언어							

과목	멘토	멘티	시간	장소	멘티	시간	장소
외국어							
음악							
일본어							
중국어							
체육							

최고의 학습은 다른 이를 가르치는 것입니다. 멘토링한 기록을 육하원칙으로 자치회 게시판에 올려 주시면 생활기록부에 붙여넣기 합니다. 과목 학습 전략을 올려 주시면 붙여넣기 합니다. 지리 멘토가 7월 4일에 올린 한국지리 학습 전략인 "한국 지리는 기본이 암기 과목이라 일단 외우는 게 주가 된다. 그래서 내용을 외워서 숙지하는 것이 중요하다. 그다음에 중요한 것이 외운 것을 연계하는 것이다. 예를 들어 석회암 지대를 배우면 그곳의 지괴는 옥천 지향사이고, 토양은 간대토양 중 테라로사이며, 또한 거기에 입지한 시멘트 공장은 원료 지향형 산업이다. 이처럼 연계해서 공부하면 시간을 적게 들이고도 성적이 더 잘 나오고 공부가 쉽고 재미있어진다. 이런 것들을 명심하고 공부하면 한국지리에서 높은 점수를 얻을 수 있다."도 그대로 붙여넣기를 했습니다.

우리 함께 성공하자!

멘토링은 '학습'뿐 아니라 다양한 분야로 확대할 수 있습니다. 자기가 가진 재능을 이용해 친구들을 돕는 길을 열어 주면 됩니다.

동료 학습 멘토링 신청표

요청 내용	멘토	멘티	시간	장소	홈페이지 업로드
					○, ×

도움을 요청하는 사람(멘티)은 다른 사람에게 기여와 봉사할 기회를 제공하는 것입니다. 조언을 하는 사람(멘토)은 기여와 봉사의 기회를 준 멘티에게 감사해야 합니다. 그러므로 겸손하게 가르쳐 줍니다. 멘티에게 도움을 주면서 그 분야에 대해 나는 더 연습할 기회가 되어 멘토 자신에게도 득이 됩니다. 멘티와 멘토 활동은 둘 다 생활기록부 입력 시 중요한 자료가 되지요. 여러분의 학급 활동은 생활기록부에 자치란, 적응란, 종합 의견란 등 세 곳이나 기록할 곳이 있어요.^^

"친구들이 질문해 오면 잘 답변해 주세요. 오히려 자기한테 공부가 정말 많이 됩니다."

(수능 전 과목 1등급 받고 초등교육과 정시로 진학한 ○○○ 선배 합격 수기에서)

동료 학습 멘토링 활동에 대해 멘토와 멘티 모두 생활기록부 자치·적응란에 다음과 같이 기록해 줍니다.

- **멘토:** 6월 30일 기말고사 기간 중 아침 자습 시간에 멘티의 수학 공부를 도와줌.
- **멘티:** 6월 30일 기말고사 기간 중 아침 자습 시간에 멘토에게 도움을 받아 수학 시험공부를 하는 자기 주도적 학습 태도를 보임.
- **멘토·멘티 공통:** 10월 2일 2학기 중간고사 기간 중 일찍 등교해 급우들과 시험 예상 문제를 묻고 답하는 등 동료 학습 멘토링 문화 확산에 기여함.

이렇게 해서 성적이 많이 올랐는지 궁금한가요? 하지만 노코멘트. 멘토링의 목표가 성적 자체보다 소속감과 자존감을 키우는 데 있기 때문입니다. 아이들 분위기가 달라지는 것은 확실합니다. 세상은 경쟁만으로 살아가는 곳이 아니라 서로 도우며 살아가는 곳임을 학교에서 체험하게 해 주려는 것이지요.

동료 학습 멘토링 활동.

성적 향상상

나이스^{NEIS}(교육행정정보시스템)의 성적 탭에는 '비교'라는 검색 탭이 있습니다. 검색창에 '+1'로 검색하면 이전 지필 평가 성적보다 1점이라도 오른 아이들의 명단이 학급별로 나옵니다. 이 학생들을 격려하는 차원에서 담임이 담당한 과목만이라도 '내신 성적 향상상'을 주면 어떨까요? 이 기회에 성적이 하위권인 아이도 격려를 받을 수 있고, 이는 향후에도 긍정적인 영향을 끼칩니다.

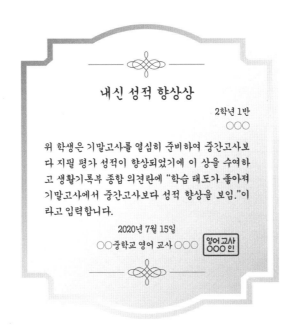

수업 태도 점검표

　수업 태도가 좋지 않은 학생을 개별적으로 도와주는 방법으로 '수업 태도 점검표'를 활용할 수 있습니다. (천호중학교 박지현 선생님 제공)

　아래와 같은 표를 만들어 교과 선생님에게 드리고 이 표를 바탕으로 학생들의 수업 태도를 점검해 달라고 부탁합니다. 그러고 나서 학생들과 함께 이야기를 나누어 보면 놀랍게도 수업 태도가 좋아집니다.

수업 태도 점검표

(　　　)의 수업 태도와 수업 준비 상태를 ○, △, ×로 평가해 주십시오.

잘함. ○　　보통임. △　　좋지 않음. ×

	월	화	수	목	금
1	과목명				
	선생님 확인	선생님 확인	선생님 확인	선생님 확인	선생님 확인
2					
	선생님 확인	선생님 확인	선생님 확인	선생님 확인	선생님 확인
3					
	선생님 확인	선생님 확인	선생님 확인	선생님 확인	선생님 확인
4					
	선생님 확인	선생님 확인	선생님 확인	선생님 확인	선생님 확인
5					
	선생님 확인	선생님 확인	선생님 확인	선생님 확인	선생님 확인
6					
	선생님 확인	선생님 확인	선생님 확인	선생님 확인	선생님 확인
7					
	선생님 확인	선생님 확인	선생님 확인	선생님 확인	선생님 확인

온라인은 이렇게

'완강 어워즈'로 웃으면서 수업 참여 이끌기
(번동중학교 고유라 선생님, 언주중학교 이지영 선생님 제공)

온라인 수업이 시작되고 시간이 갈수록 점차 수업을 듣지 않는 학생들이 많아집니다. 그럴 때마다 달래고 타이르는 아침 전쟁을 치르는 것이 너무나 힘들죠. 학생들에게 잔소리하지 않고 긍정적인 요소로 온라인 수업을 잘 듣게 할 방법이 절실합니다. 아이들이 웃으며 알아서 수업을 잘 듣게 해 주는 '완강 어워즈'를 소개합니다.

먼저, 학생들에게 완강 어워즈를 안내합니다.

매일 학교 일과표에 맞추어 4시 이전에 수업을 완강하는 감동적인 친구들을 칭찬하지 않을 수 없어서 이번 주부터 '완강 어워즈'를 하려고 합니다. 매일 4시 이전에 시간표대로 당일 수업을 모두 완강한 친구들에게 별 스티커를 붙여 줄 것입니다. 1학기 동안 진행하고 확인해서 마지막에 스티커를 가장 많이 받은 친구들은 선생님이 격한 칭찬과 함께 마음을 듬뿍 담은 무언가를 선물하도록 하겠습니다.

│ **완강 어워즈Awards 안내** │

1. 당일 수업 모두 당일 완강 ☞ ★ (개별 점수)
2. 건강 상태 자가 진단 오전 11시 전 완료 ☞ ☆ (개별 점수)
   건강 상태 자가 진단 지각생(오전 11시 기준) ☞ 지각으로 기록, 등교 시 청소 당번!
   우리 반 모두 자가 진단 오전 11시 전 완료 + 당일 수업 당일 완강 ☞ 우리 반 칭찬 도장♡

---

* 별 점수가 높은 학생에게는 온라인 수업이 끝난 뒤 선물을 증정할 예정입니다.♡
* 별 점수는 중학교 3년 생활기록부 행동 발달 및 특기 사항에 개별적으로 반영할 예정입니다.

  (예) 온라인 수업을 하는 동안에도 지각한 적 없이 규칙적으로 생활하는 모습을 보여…….

  (예) 온라인 수업을 항상 빠짐없이 당일에 모두 성실하게 수강하는 등…….
* 우리 반 모두 지금까지 잘해 왔고, 앞으로도 잘할 것이라고 믿어요. 파이팅! 😊♥

날마다 학생들의 수업 참여를 확인해서 아래와 같이 표에 표시합니다.

3학년 6반 완강 어워즈 (8월 18일~8월 28일)

번호	이름	8/18 화		8/19 수		8/20 목		8/21 금		8/24 월		8/25 화		8/26 수		8/27 목		8/28 금		최종 점수
1	구○현	☆	★	☆	★	☆	★	☆	★	☆	★	☆	★	☆	★	☆	★	☆	★	완강
2	김○미	☆	★	☆	★	☆	★	☆	★	☆	★	☆	★	☆	★	☆	★	☆	★	완강
3	김○영	☆	★	☆	★	☆	★	☆	★	☆	★	☆	★	☆	★	☆	★	☆	★	완강
4	김○성	☆	★	늦	★	☆	★	☆	★	늦	★	늦	★	☆	1	☆	★	늦		
5	김○	☆	★	☆	1	☆	★	☆	X	☆	X	☆	★	☆	X	☆	★	☆		
6	나○영	☆	★	☆	★	☆	★	☆	★	☆	★	☆	★	☆	★	☆	★	☆	★	완강
7	민○슬	☆	★	늦	★	☆	★	☆	★	☆	★	☆	★	☆	1	☆	★	☆		
8	박○서	☆	★	☆	★	☆	★	☆	★	☆	★	☆	★	☆	★	☆	★	☆	★	완강
9	박○영	☆	★	☆	★	늦	★	☆	★	☆	★	☆	★	☆	X	★	☆	1	☆	
10	서○현	☆	★	☆	★	☆	★	☆	★	☆	★	☆	★	☆	★	☆	★	☆	★	완강
11	신○원	☆	★	늦	★	☆	1	늦	★	☆	1	☆	1	☆	1	X	★	★		
12	유○상	☆	★	☆	★	☆	늦	늦	★	☆	★	☆	X	★	★	☆	★	☆		완강
13	유○서	☆	★	☆	★	☆	늦	늦	★	☆	★	☆	★	☆	★	☆	★	☆		완강
14	이○영	☆	★	☆	★	☆	★	☆	★	☆	★	☆	★	☆	★	☆	★	☆	★	완강
15	이○호	☆	★	☆	★	☆	★	☆	★	☆	★	☆	★	☆	★	☆	★	☆	늦	완강
16	이○진	☆	★	☆	★	☆	★	☆	★	☆	늦	☆	★	☆	★	☆	★	☆		완강
17	이○선	☆	★	☆	★	☆	★	☆	★	☆	★	☆	1	☆	★	☆	★	☆	★	완강
18	이○영	☆	★	☆	X	☆	★	☆	★	☆	★	☆	★	☆	X	☆	★	늦		
19	이○빈	☆	★	☆	★	☆	★	☆	★	☆	★	☆	★	☆	★	☆	★	☆		완강
20	이○호	☆	★	☆	★	☆	★	☆	★	☆	★	☆	★	☆	X	☆	★	늦		완강
21	장○수	☆	★	☆	★	☆	★	☆	★	☆	★	☆	★	☆	★	☆	★	☆		완강
22	정○빈	☆	★	☆	★	☆	★	☆	늦	☆	★	☆	★	☆	★	☆	★	☆		완강
23	최○정	☆	★	늦	★	☆	★	☆	★	☆	★	늦	★	☆	★	☆	★	☆		완강
24	한○현	☆	★	☆	★	☆	★	☆	★	☆	★	☆	★	☆	★	☆	★	☆		완강
25	황○호	☆	★	☆	★	☆	★	☆	★	☆	★	☆	★	☆	★	☆	★	☆		완강

일주일에 한 번씩 표를 집계해 그 주 완강한 아이들에게 개인적으로 카톡 메시지를 보내 칭찬해 줍니다.

> 이번 주 매일매일 제시간에 건강 상태 자가 진단을 하고, 수업을 한 번도 밀린 적 없이 쭉 완강해 왔네요! 대단합니다~! 앞으로도 지금처럼만 해 주세요. ♡♡♡

학생들이 열심히 해 주는 경우 적극적으로 참여하는 학생들의 학부모에게 문자메시지를 보내 격려합니다.

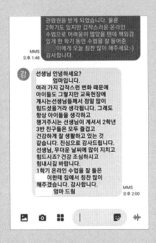

개인별로 칭찬을 하면 열심히 하는 학생들만 칭찬받기 쉽습니다. 모든 학생들에게 골고루 칭찬의 기회를 제공하려면 완강 어워즈를 학급 단위로 운영해서 학급 전체를 칭찬하는 방법도 좋습니다.

먼저 학급 칭찬 스티커 판에 칭찬 스티커가 다 채워지면 학생들에게 상을 주기로 정합니다. 학생들과 협의해 목표 개수를 정해서 학급 칭찬 스티커 판을 만든 다음, 온라인 공간에 게시합니다. 칭찬을 받을 때마다 스티커를 붙이는데, 칭찬 스티커를 받는 조건에는 온라인 수업 완강하기, 교과 선생님들에게 수업 태도 좋다는 칭찬받기, 청소 깨끗이 하기, 친구들과 싸우지 않기 등의 내용이 포함됩니다. 학생들의 적극적인 참여를 이끌어 내기 위해, 목표까지 도달하는 과정에서 도장이 10개 찍히는 시점에 간단한 이벤트로 기분 전환을 해 주는 것도 좋습니다. 도장 10개가 찍힌 날에는 랜덤 3명, 20개가 찍힌 날에는 랜덤 5명, 30개가 찍힌 날에는 랜덤 7명…… 이런 식으로 명수를 늘려 가며 카카오톡 선물하기에서 랜덤으로 선물하는 방법도 재미있겠죠? 학생들은 랜덤 선물이 복권 이벤트 같은 느낌이라 굉장히 재밌어하고 좋아합니다. 퀴즈를 제공한 다음 맞히는 학생에게 선물을 주는 것도 좋은 방법입니다.

　　학생들에게 수업을 들으라고 잔소리하지 않아도 학생들이 알아서 온라인 수업을 듣고, 또 학생에게 칭찬할 기회도 제공해 주는 완강 어워즈는 온라인 수업 상황에서 학생들과 좋은 관계를 유지하면서도 담임이 해야 할 일을 덜어 주는 아주 좋은 방법입니다.

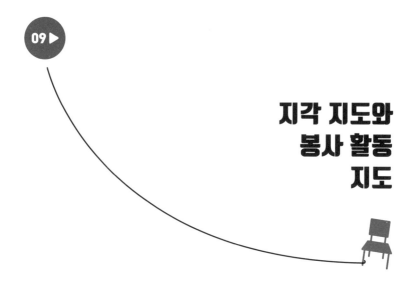

지각 지도와 봉사 활동 지도

담임 업무 중 지각 지도도 만만치 않습니다. 봉사 활동 지도는 담임이 개입해 학생들의 진로와 연계시키면 형식적인 활동에서 벗어나 의미 있는 시간이 될 수 있습니다.

지각 지도

1인 1역 출석 팀장이 지각을 관리하다 보니 반 아이들과 자꾸 마찰을 빚어서 늦게 오는 아이들 말고 일찍 오는 아이들을 체크하게 하고, 출석 기록의 이름도 '지각 기록부'에서 'Early Bird(얼리버드) 기록부'로 바꾸었습니다. 그러니까 신통하게도 단박에 출석 팀장과 아이들 사이가 좋아졌습니다. 그리고 아침 자습에 50퍼센트 이상 참여한 학생은 생활기록부에 월별로 "○월에 아침 일찍 등교하여 자기 주도 학습에 임함."이라고 입력해 주었어요. 또 이따금 아이들에게 지각했을 때의 불이익을 안내하는데, 그 내용은 아래와 같습니다.

'지각 괴담'을 아시나요?
다음은 미인정 출결이 가져온 괴담 수준의 실제 사례입니다.

1. 상이나 장학금 추천 시
우리 반 한 학생의 장학금을 신청하려는데 성적 증명서를 첨부해야 하더군요. 성적 증명서에는 출결이 첨부되네요. 우연히 보았더니 그 학생은 미인정 지각이 6회 기록되어 있어요. 열심히 추천서 썼는데……. 혹시 미인정 지각이 장학금 선정에 영향을 끼칠까 걱정됩니다. 비슷한 조건이면 이런 것들이 심각한 영향을 끼칠 수 있어요. 인근 ○○대학교 수시 경쟁률이 100 대 1을 웃돈다는데요, 살얼음판 위를 걷는 경쟁에서 행여 어느 발걸음이 얼음판을 깰까요? 오늘도 성실하게!

2. 고등학교 입학 전형 면접 때
지난해 △△중학교 졸업생이 고교 입학 전형 면접 때 받은 질문은 딱 하나였습니다. "학생, 미인정 지각이 한 번 있는데 왜 그랬나요?"

3. 대학 입학 때
리더십 전형으로 면접시험을 본 어느 졸업생의 수기 중 일부입니다.
"수학은 '근과 계수의 관계'에서 한 문제, '확률'에서 한 문제, 이렇게 두 문제가 나왔고요. 대체로 다 대답했고 마지막으로 지원 동기를 말하고 나왔어요. 그리고 교수님께서 미인정 지각이 1회 있는데 왜 그랬냐고 물으시더군요.

정말 3초 동안 별별 생각이 다 들더라고요. 그냥 솔직히 늦잠을 자서 지각했다고 말했습니다.”

그런데 입학 사정관제에 수시로 응시하는 학생들보다 학교 생활기록부가 더 중요한 학생들이 있답니다. 바로 고등학교가 최종 학력인 학생들이지요. 회사에서는 늘 최종 학력 증명을 요구합니다. 대학 졸업자는 대학, 전문대 졸업자는 전문대, 고등학교 졸업자는 고등학교 성적 증명을 요구하는 것이지요. 그런데 전문대나 고등학교 졸업의 경우는 고등학교 생활기록부를 요구하는 회사가 많습니다. 현재의 실력 자체보다 회사를 성실하게 다닐 수 있을지 품성을 보려는 거예요. 대학 진학에 뜻이 없는 학생일수록 철저하게 학생부를 관리하세요.

4. 직업군인을 좌절시킨 미인정 지각

지난 주말, 재작년에 졸업한 K 군에게서 전화가 왔어요. 그동안 대학 안 가고 놀다가 공군에 통신·전자 특기로 지원하려고 한답니다. 군대 가서 자기 전공을 살려 경력을 쌓고 싶었던 것이지요. 2년 군대 생활을 하면 같은 업계에서는 경력으로 어느 정도 인정해 주거든요. 1500미터 달리기 시험도 무난히 합격했는데 면접관이 “고등학교 2학년 때 미인정 지각 14회가 도대체 어떤 내용이냐? 고등학교 때 담임이 사유를 대여섯 줄 정도 적어 준다면 합격시켜 줄 수도 있다.”라고 했답니다.

인정받지 못하는 사유로 늦은 것인데 무슨 사유를 써 줄 수 있겠어요? 생활기록부가 대학 가는 데만 중요한 게 아닙니다. 미인정 지각이 10번 이상이면 상당히 무겁게 받아들이는 모양이에요. 제가 전화 끊으면서 그랬지요. “내가 지각이 언젠가 네 발목을 잡을 거라고 안 하더냐? 군대 가기 전에 아차산에 오너라. 막걸리나 한잔 받아 주마.” 했지요.

5. 대기업 스카우트를 가로막은 미인정 결석 5일

몇 년 전 일입니다. 졸업한 지 10년이나 되는 한 선배가 고등학교 생활기록부를 떼러 학교에 왔습니다. 다니던 회사를 그만두고 그동안 준비해 온 내로라하는 유명 대기업으로 옮기는 데 필요한 서류였답니다. 선배는 생활기록부를 떼어 보고서 깜짝 놀랐습니다. 학교 다닐 때 별생각 없이 했던 결석이 이른바 ‘미인정’ 결석으로 기재되어 있었던 거죠. 아무리 생각해도 옮기려는 회사에 좋지 못한 인상을 줄 것 같다며 기록을 삭제할 방법은 없는지 그 당시 담임을 찾고 이렇게 하면 지각이 없어지냐고요? 완전히 사라지지는 않더라도 확실히 줄어들고 일찍 오는 아이들은 더 일찍 옵니다. 그럼에도 계속 지각을 하는 아이는 역시 마음에 어려움을 겪고 있는 아이입니다. 상담이 필요하지요.

아이가 미인정 출결이 잦다면 학부모도 이미 스트레스를 받고 계실 가능성이 큽니다. 같은 행동이 반복되고 그 이유를 안다면 학부모에게 문자메시지로 통보하는 정도가 적당하며, 전화 통보는 긴급한 경우에만 하는 것이 좋습니다. 부모가 아이를 훈육하지 못하는 경우라면 전화 통화는 더욱 조심하는 게 좋습니다. 그저 학생 본인에게 미인정 출결이 가져올지 모를 결과를 부지런히 안내해 주는 것이 무엇보다 소중하죠. 결과를 안내해 주지 않은 책임은 교사에게 있습니다.

봉사 활동 지도

우리 교육의 병폐 중 하나가 연관성 부족입니다. 봉사는 봉사 따로, 진로 교육은 진로 교육 따로 이루어지죠. 담임교사가 관심을 기울이면 서로 연계해 시너지 효과를 기대할 수 있습니다.

예를 들어 사회복지사가 꿈인 학생에게는 지역아동센터 봉사를, 교사(유치원, 초등, 중등)를 희망하는 학생에게는 어린이집 학습지도 봉사를 권장합니다. 사회체육지도사를 꿈꾸는 학생에게는 구립 문화체육센터를 찾아 봉사하도록 합니다.

학교 근처의 시립·구립 어린이집을 방문해 원장님과 봉사 활동에 대해 상담한 적이 있습니다. 학생들이 유아 지도를 체험해 리더십을 키울 수 있으면 좋겠다고 말씀드렸습니다. 처음에 원장님은 청소 이외의 봉사를 시켜 본 적이 없어 어렵겠다고 하셨지만, 일단 청소 기회부터 주어 학생들의 성실성 등을 지켜본 뒤에 놀이 봉사를 시켜 보겠다고 하셨습니다. 반 학생 중 11명이 신청해 요일별로 2명씩 조를 짜서 한 시간은 청소, 한 시간은 아이 돌보기를 했습니다.

봉사 활동 후기

저는 수요일마다 친구들과 함께 ○○어린이집으로 봉사 활동을 하러 갔습니다. 확실히 선생님 말씀대로 어린이집에 가니까 공기가 다르더라고요. 가 보니 친절하신 선생님께서 한 시간은 청소를 하고 한 시간은 아이들하고 놀아 주라고 하시더군요. 힘든 줄도 모르고 열심히 청소를 했는데 아이들과 같이 있으니 괜히 기분이 좋았어요. 처음에는 선생님들도 우리 학생들이 못 미더우셨던 것 같아요. "대충 청소하면 아이들 건강에 더 안 좋다."라고 말씀하시거나 아이들

하고 놀아 주는 시간도 한 20~30분밖에 주시지 않았거든요. 하지만 매주 시간 맞춰 가고 인사도 꼬박꼬박 잘했더니 선생님께서도 우리에게 믿음을 가지고 일을 시키시는 것 같았어요. 아이들이 "형, 어디에서 왔어요?"라고 물을 때마다 "○○고등학교에서 왔어."라고 말하면서 우리 고등학교도 홍보하고 괜히 기분도 좋아지고 참 보람된 봉사라고 생각했어요. 봉사 시간은 다 채웠는데 왠지 또 가고 싶네요.

학생들이 자발적으로 알아보거나 담임이 섭외를 해서 악기 연주나 태권도 같은 운동, 비보이 등에 재능이 있는 학생들을 어린이집 재롱잔치나 지역아동센터, 장애인 협동조합 등의 행사에서 공연을 하게 함으로써 진로 교육과 봉사, 인성 교육이 연계되도록 합니다. 재능 봉사는 학생 개개인에게 재능을 발휘할 기회를 주어 학생 개인의 자존감뿐만 아니라 지역사회에 대한 소속감도 키워 줍니다.

어린이집 비보이 공연 봉사.　　　　장애인 협동조합 악기 연주 봉사.　　　　어린이집 태권무 봉사.

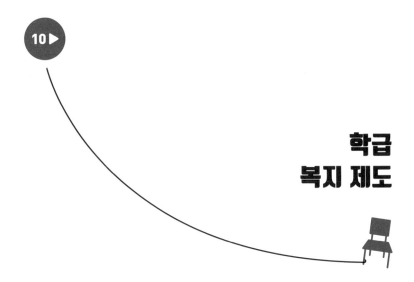

학급 복지 개념의 도입

학급 환경 미화를 알뜰하게 재활용하고 여기서 남는 학급 활동비 예산(지역마다 차이가 있지만 서울은 학급 활동비로 1년에 10만 원 이상 지원)으로 아이들에게 필요한 문구류 등을 구입했습니다. 이렇게 산 문구류를 처음에는 빈 사물함에 넣어 보관하다가 학년말에 교무실에서 여유분으로 나온 잠금장치가 있는 교사 사물함을 가져와 학급 비품함으로 사용하고, 1인 1역 역할에 총무 팀장을 추가했습니다.

총무 팀장이 스스로 컴퓨터용 사인펜은 학급 재적수에 10개 정도

비품함 속 문구류
A4 용지, 손톱이 튀지 않는 손톱깎이, 안경 수리용 소형 드라이버 세트, 반짇고리, 연필깎이, 수정 테이프, 30센티미터 자, 셀로판테이프, 풀, 가위, 칼, 인주, 본드, 집게, 손걸레, 스테이플러, 접착테이프, 휴대전화 충전기, 생리대, 렌즈 세척액, 땀 냄새 중화용 방향제, 축구공, 농구공 등.

를 더해 구입해 두고 시험 때 학생들에게 빌려주고 있습니다. 특히 축구공, 농구공은 1년 내내 떨어지지 않도록 신경을 씁니다. 새 공을 사기에는 학급비가 넉넉지 않아 학생들에게 집에 안 쓰는 공이 있으면 싸게 팔도록 요청했습니다. 미니 빗자루 세트는 학급 재적수보다 5개 (칠판 청소 담당용 등) 더 구입해 학생들에게 나누어 주고 자기 책상과 의자 주변을 청소하도록 해 청소 시간을 따로 마련하거나 청소 관련 책임을 지우지 않습니다. 스펀지 클리너(매직 블록)는 교실 벽 낙서 지우기용으로 구입해 둡니다.

3월 둘째 날 소지품 분실을 막기 위해 유성 매직 세트를 분단별로 하나씩 나누어 주어 모든 소지품에 자기 학번과 이름을 쓰도록 합니다. 심지어 체육복 바지 안쪽에도 이름을 쓰게 해 분실했을 때 주인을 되찾을 수 있도록 합니다.

학급비의 민주적 운영

학급운영비를 학급복지비의 관점에서 사용했습니다. 아이들이 스스로 구입한 비품 중에 기억에 남는 것은 가벼운 상처로 보건실 가기 귀찮다며 구입한 일회용 밴드, 여름에 남학생들 땀 냄새 심하다고 구입한 방향제, 렌즈 끼는 여학생를 위한 렌즈 세척액 등입니다. 또 컴퓨터용 사인펜은 총무 팀장이 한 상자 구입해 두고서 시험 때 필요한 사람은 칠판 모퉁이에 이름을 적고 빌려 갔다가 끝나면 반납하도록 했는데, 이렇게 하니 무인 대여 시스템이 이루어지더군요. 아이들 자치에 맡기니 스스로 진화하는 모습이 가장 기억에 남았습니다. 아래와 같이 예산안을 만들어 학생들에게 배포한 다음 일주일 뒤에 토론을 거쳐 찬반 투표로 결정합니다.

2020년 학급운영비 예산(안)

학급 환경 미화 구성은 재활용하고 학급비로 1년 살림 장만을! ^^
학교에서 학급마다 학급운영비로 10만 원을 지원합니다. 학급운영 예산을 세워 보니 담임이 가지고 있는 이런저런 물품을 기증해도 6만 8300원이 적자입니다. 혹시 집에 남는 물건이 있으면 총무 팀장에게 기증해 주세요. (저는 못난행동은 잘 못 봐도 선행은 잘 기억합니다.) 기증하기 전에 학급에 꼭 필요한 물건인지부터 검토해 주세요. 회장단이 선출되면 부족한 예산을 어떤 방식으로 조달할지(예: 벼룩시장, 학급비 걷기 등) 검토 후 학급 회의에서 논의할 것입니다.

항목	수량	단가	금액
양면테이프	1개	1,000원	1,000원
커튼 리본 끈	2개	500원	1,000원
대여용 컴퓨터용 사인펜	20자루	500원	10,000원
후시딘, 버물리, 물파스, 페브리즈	1개	12,000원	12,000원
아스테이지			2,000원
건전지	5개	500원	2,500원
벽시계			20,000원
진로 상담 졸업생 멘토 상품권	2명	10,000원	20,000원
구기 대회 음료수	5회	4,000원	20,000원
1차 학부모 총회 다과비	30분	700원	21,000원
셀로판테이프	3개	1,000원	3,000원
딱풀	5개	700원	3,500원
머리빗	1개	300원	300원
생일 빵 상품권	40장	1,200원	48,000원
분필 홀더			6,000원
A4 용지	1개	7,000원	7,000원
학급문고용 쫄대 파일	10개	700원	7,000원
합계			184,300원

* 학급운영비는 총무 팀장이 계좌를 만들어 관리 및 지출하고 영수증을 모아 월 1회 학급 게시판에 게시하고 결산 보고를 합니다.

학급운영비를 자잘하게 나누어 쓰면 결산 처리가 성가셔서 적절한 용도로 한 번에 영수증을 끊어 행정실에 제출하고, 학급 1인 1역 총무 팀장에게 돈을 모두 맡기고 회장, 부회장, 총무 팀장이 협의해 알아서 쓰도록 합니다.

생활기록부와
표창

담임교사가 지향하는 교육적 가치와 학생들에게 경험하게 해 주고 싶은 여러 활동을 학생들이 자발적으로 하게 할 수 있을까요? 이를 위해선 교사의 인간적 매력, 학생과의 관계도 중요하지만, 모두에게 영향을 줄 수 있는 도구가 있어야 합니다. 바로 생활기록부와 추천서가 그 역할을 할 수 있답니다.

생활기록부

생활기록부는 공적인 문서로서 학생들이 고등학교를 졸업하고 50년 뒤, 즉 69세가 될 때까지 보존되는 아주 중요한 문서입니다. 또 고등학교에 다니는 동안은 대학 진학을 위해 잘 관리해야 하는 아주 중요한 진학 도구가 되기도 하지요.

많은 교사들이 평소에는 업무로 바빠서 신경을 많이 못 쓰다가 연말이 되면 생활기록부 작성으로 굉장히 분주한 시간을 보내고는 합니다. 어차피 해야 할 일인데 일상적으로 사용하여 교육적으로 활용할 수 있다면 일거양득 아닐까요?

요즘은 연예 기획사에서도 연습생들에게 초등학교 생활기록부까지 요구해 들여다본다고 하더군요. 엄청나게 투자해서 연예인으로 키워 놓았는데 학생 시절 이른바 '날라리' 생활을 했던 사실이 뒤늦게 알려져 중도 하차하게 되면 손실을 보니까 이를 막으려는 대비책으로 보입니다. 이런 이야기를 학생들에게 들려주기도 하고요. 학생들과 학부모들에게 "담임은 항상 아이들을 칭찬할 기회를 찾고 있습니다. 언제든지 긍정적인 모습을 보이면 담임이 모두 생활기록부에 기록하겠습니다."라는 말을 학년 초부터 계속 되풀이하고, 실제로도 늘 아이들을 관찰하여 생활기록부에 기록하도록 합니다.

예를 들어 학부모 총회 날, 청소 당번 아이들이 청소하면서 시키지도 않은 책상과 의자 정리까지 깔끔하게 해 놓고 하교한 날에는 학부모에게 "○○이, △△이가 학부모 총회 하는 날이라고 시키지도 않았는데 우리 반 책상 줄을 예쁘게 맞춰 놓고 갔네요. 학급을 위해 자발적으로 봉사하는 모습이 아주 대견합니다."라고 문자메시지를 보내고, 생활기록부에 "○월 ○일 학부모 총회 날, 청소 당번으로 교실을 청소하면서 담임교사가 부탁하지 않았는데도 반 책상 줄을 깔끔하게 맞춰 놓는 적극적인 모습을 보임."이라고 기록하고 그 사실을 바로 알려 줍니다.

주번 활동이 끝난 뒤에도 바로 생활기록부에 기록하는 것이 좋습니다. 조회 시간에 투표용지를 나누어 주고, 아이들에게 5점을 만점으로 하는 주번 평가 점수를 적어서 내게 합니다. 투표용지를 모아서 평균 점수를 계산한 뒤 동료 평가 결과 평균 3.0점 이상을 받은 학생을 생활기록부에 기록합니다. 투표용지는 1년간 보관합니다.

늘 서로 인정하고 격려하는 ○학년 ×반 주번 평가 투표용지					
○월 ○주	5점	4점	3점	2점	1점

생활기록부 기록 예시

1학기에 일주일 동안 주번 활동을 열심히 하여 학급 동료들의 5단계 평가(대단히 우수 5점, 대체로 우수 4점, 보통 3점, 대체로 미흡 2점, 매우 미흡 1점)에서 5점 만점에 3.91점의 높은 점수를 받음.

※생활기록부 기록은 해마다 규정이 바뀔 수 있으니 먼저 확인하세요.

학급 1인 1역 활동 역시 투표를 통해 동료 평가를 하고, 그 결과가 평균 3.0점 이상인 학생들은 생활기록부에 기록합니다.

생활기록부 기록 예시

학급 1인 1역 ○○ 팀장으로서 ××××한 역할을 성실히 수행하여 학급의 역동성 향상에 기여했으며, 역할에 대한 동료 평가 결과 5점 만점에 4.0점을 받음.

이와 같이 학생의 작지만 긍정적인 행동을 잘 발견해서 칭찬하고, 그 내용을 생활기록부에 적어 보상해 주면 학생들은 점점 더 담임교사의 말을 잘 따르게 됩니다. 생활기록부로 보상도 받고, 부모님에게 칭찬도 받으니 일석이조겠지요.

표창

　학교에서 시상하는 모범상을 담임 재량으로 정하면 학생들은 공정하지 못하다고 느낄 수 있고, 그렇다고 아이들의 투표로 정하면 인기투표가 되어 버리기도 해서 꼭 받아야 할 아이가 못 받을 수 있습니다. 모범상 시상은 학생들의 바람직한 변화에 대한 보상 시스템이라는 의미가 크므로 구성원들의 합의로 대상자를 정하는 것이 바람직해요. 예를 들어 출결 5점, 1인 1역 동료 평가 5점, 주번 활동 동료 평가 5점 해서 15점을 만점으로 안을 만들어 모범상 대상자를 선정합니다.

1. 출결	5점
2. 1인 1역(동료 평가)	5점
3. 주번 활동(동료 평가)	5점
합계	15점

　추천 조건이 따로 없는 각종 장학금 및 상의 추천도 위 점수 합계에 상위 득점을 한 순서로 정합니다. 출결은 중학생의 경우 고입 내신 출결 평점을 기준으로 3점을 만점으로 해도 되지만, 미인정 지각 및 결석 등을 예방하기 위해 5점으로 비중을 높였습니다.

출결 점수 규정

1. 질병 및 기타 이유로 인한 결석, 지각, 조퇴, 결과와 출석으로 인정하는 경우(천재지변 등 불가항력의 사유, 학교를 대표하는 경기나 경연 대회 참가 및 훈련 참가, 경조사 등으로 인한 결석 등)는 결석 일수에 포함하지 않는다.
    (1) 등교 시간은 7시 50분. 8시 이후 교실에 입실하면 출석부에 지각 체크를 한다.
    (2) 질병 지각은 7시 30분 이전에 부모님이 문자메시지나 전화로 이를 알릴 때에만 인정한다.
    (3) 질병 조퇴는 부모님에게 확인 및 허락을 받은 뒤 허락 여부를 결정한다.
    (4) 월별로 자율 학습 시간에 맞추어 등교한 통계를 내어 50퍼센트 이상 참여한 학생의 생활기록부에는 "○월 ○○일의 수업 일수 중 17일간 아침 일찍 등교하여 자기 주도 학습에 임함."이라고 월별로 기재한다.
    (5) 사고 및 질병 지각, 결석, 조퇴가 없는 개근 및 정근 학생은 생활기록부 행동 특성 및 종합 의견란에 준법성이 높다고 기록한다.

2. 미인정 지각, 조퇴, 결과는 이를 합산하여 3회를 결석 1일로 계산한다. 질병에 따른 것은 이에 포함하지 않는다.

3. 점수 산출표

결석 일수 0일: 5점	결석 일수 1일(지각 1~3회): 4점
결석 일수 2일(지각 4~6회): 3점	결석 일수 3일(지각 7~9회): 2점
결석 일수 4일(지각 10~12회): 1점	결석 일수 5일(지각 13~15회): 0점

학급경영 실전 기술 플러스

2부에서 다 소개하지 못한 학급경영 실전 기술들이 많습니다. 못다 한 이야기 몇 가지만 간단히 소개해 볼게요.

학급 단위 CA 운영하기

학부모와 사회의 학교에 대한 요구가 커지면서 교육청에서 업무 절감을 위해 노력한다 해도 담임 입장에서는 이를 실감하기가 어렵습니다. 7교시 수업이 늘어나면서 학급 아이들과의 상담 시간도 확보하기 어려운 실정이지요.

이런 방법은 어떨까요? 학교 주변에 걷기 좋은 길을 걷는 '하이킹반'을 동아리로 마련해서 학급 학생들이 되도록 많이 가입하게끔 홍보한 적이 있는데요, 간식도 주고 한 달에 한 번 소풍을 가는 셈이라며 아이들을 유혹합니다. 이런 동아리에 학생이 열 명 이상 가입하면 보통 따로 상담 시간을 낼 필요가 없습니다. 길을 걸으면서 아이들과 이런저런 이야기를 나누고 학급의 내밀한 정보도 자연스레 얻습니다.

이처럼 학급 단위 CA를 통해 자연스럽게 상담 기회를 만들려고 CA반 담당 선생님에게 "우리 반 아이들과 CA를 하며 상담 기회를 마련하고 싶은데 신청표에서 빼 주실 수 있을까요? 학교 전체 CA반 평균 숫자로 모집해 보겠으나 부족할 경우 편성에서 밀려난 아이들을 아무 조건 없이 받아들일게요."라고 부탁

했습니다. 이렇게 하면 밀려나 갈 곳 없는 아이들을 보낼 곳이 생기니 서로 좋은 거지요.

학급 자치위원회 구성

학급 회장 선거에 입후보했다가 아쉽게 낙마한 학생들에게 학급 자치위원으로 활동할 것을 담임교사가 제안합니다. 선거에 나온 학생들이라면 학급에 기여하고자 하는 열의가 있어서 학급 자치위원으로 활동하고 싶은 마음도 있을 거예요. 이 학생들과 학급 회장이 학급 자치위원회를 구성해 학급에서 진행해야 할 일들을 같이 토의하고 결정한다면 학급 회장이 혼자서 해야 한다는 부담감을 덜 수 있고, 회장이 되지 못한 학생들도 학급에 계속 기여할 수 있는 정식 경로가 열리기에 적극적으로 참여할 수 있습니다.

학급 자치위원회에서는 반티 제작, 수련회 때 버스 자리 및 숙소 배치, 체육 대회, 학급 간 체육 토너먼트 등과 같이 학급 자치가 필요한 행사나 내용을 토의하고 결정하면 좋습니다. 보통 학급 회장이나 학급에서 목소리가 큰 학생들이 의견을 제시하고 이를 관철하는 경우가 많은데, 학급 자치위원회에서 적절한 과정과 절차를 거쳐 민주적으로 결정한다면 그 결정에 대해 학생들이 좀 더 잘 이해하고 받아들일 수 있습니다.

돌봄 치유의 학급문고

교실 사물함 위에 '돌봄 치유의 학급문고' 코너를 만들어 아이들 자신과 친구들의 이해를 돕는 책들을 늘어놓습니다. ADHD로 의심되는 친구에게 『리틀 몬스터』를 빌려주며 읽어 보라고 했더니 읽고 나서 "선생님, 이 아저씨 진짜 저하고 똑같아요!"라고 하더군요. 그래서 정신보건 치료를 받게 되었고, 약물 치료까지 받아 완치된 경우도 있었답니다.

| 돌봄 치유 학급문고 목록 |

김미경, 『청소년을 위한 비폭력 대화』, 우리학교, 2013.

박진영, 『나는 나를 돌봅니다』, 우리학교, 2019.

박용철, 『감정은 습관이다』, 청림출판, 2014.

EBS 〈아이의 사생활〉 제작팀, 『아이의 사생활 1, 2』, 지식채널, 2016.

EBS기획다큐멘터리 동기, 『스스로 도전하는 아이의 인생에는 막힘이 없다』, 거름, 2007.

로버트 저겐, 『리틀 몬스터』, 학지사, 2005.

다중지능연구소, 『강점지능 살리면 뜯어말려도 공부한다』, 아울북, 2006.

다니엘 골먼, 『감성지능 EQ』, 비전코리아, 1996.

딕 티비츠, 『용서의 기술』, 알마, 2008.

로널드 T. 포터-에프론, 『욱하는 성질 죽이기』, 다연, 2014.

리처드 A. 워샥, 『이혼, 부, 모, 아이들』, 아침이슬, 2005.

박종연, 『스마트폰 중독 이렇게 극복하라』, 혜성출판사, 2013.

신민경·이숙명, 『자퇴할까 학교에 남을까』, 써네스트, 2015.

아론 라자르, 『사과 솔루션』, 지안출판사, 2009.

오가와 히토시, 『이제는 제대로 화내고 싶다』, 비전코리아, 2013.

이정현, 『심리학, 열일곱 살을 부탁해』, 걷는나무, 2010.

장차현실, 『엄마, 외로운 거 그만하고 밥 먹자』, 한겨레신문사, 2003.

재니스 A. 디 치아코, 『슬픈 아이들의 심리학』, 휴먼앤북스, 2009.

존 그레이, 『화성에서 온 남자 금성에서 온 여자』, 동녘라이프, 2010.

최나미, 『엄마의 마흔 번째 생일』, 청년사, 2005.

켄 블랜차드, 『칭찬은 고래도 춤추게 한다』, 21세기북스, 2003.

켄 블랜차드, 『하이파이브』, 21세기북스, 2001.

크리스토퍼 그린·킷 취, 『ADHD의 이해』, 민지사, 1999.

토르실 베르게·아르네 레풀, 『행복을 훔치는 도둑 우울증』, 문예출판사, 2007.

하워드 가드너, 『다중지능』, 웅진지식하우스, 2007.

하임 G. 기너트, 『부모와 아이 사이』, 양철북, 2003.

전학생 맞이하기

담임교사와 학생들이 만들어 가는 학급 문화에 여러 가지 방법으로 큰 변화가 생기는 경우가 있습니다. 바로 전학생이 올 경우인데요, 전학생을 환영하면서 빠른 시일 안에 우리 반의 일원으로 적응하도록 돕는 방법을 한 가지 소개할게요.

전학생이 온다는 소식은 보통 전날 또는 당일에 알 수 있습니다. 그러면 학급 아이들에게 미리 전학생이 온다는 것을 알립니다. 정든 친구들, 지역, 선생님들을 다 떠나서 모든 것이 새로운 곳에서 적응하기란 정말 긴장되고 떨리는 일이라고 학생들에게 설명합니다. 그런 다음, 전학생을 환영하는 방법을 한 가지 제안하는데, 바로 '전학생에게 롤링 페이퍼 써 주기'입니다. 우리 아이들이 다소 생각 없는 말과 행동을 한다고 해서 아이들 마음속에 긍정 에너지가 없는 것은 아닙니다. 담임교사는 어떠한 기회든 포착해 이 긍정 에너지를 키워 주어야 합니다. 그런데 이 '전학생 맞이하기'처럼 좋은 기회도 드뭅니다. 우리가 반갑게 맞이하고 조금 신경 써 주면, 전학 온 친구의 긴장된 표정이 금세 편안해지며 새로운 친구들과 잘 지내게 됩니다. 이런 모습을 보는 것이야말로 큰 교육입니다.

전학생 학부모도 마찬가지예요. 아는 학부모가 없어서 막막하고 낯설 텐데, 운영하고 있는 학부모 SNS에 초대해서 다른 학부모들과 다 같이 환영하고 학교 생활을 안내하는 센스까지 발휘하면 좋겠지요?

3부

소통

디지털 세대인 아이들은 양방향 소통을 원합니다. 의사 결정에도 참여하기를 원하고요. 미국의 마크 프렌스키$^{Marc\ Prensky}$ 교수는 1990년대 이후에 태어난 세대를 '디지털 원주민$^{Digital\ Natives}$'이라고 부르면서 이들은 무엇보다 참여와 소통을 중시하는 EOE$^{Engage\ me\ or\ Enrage\ me}$(참여시켜 주세요. 그러지 않으면 짜증 나요.) 세대라고 정의했습니다. 3부에서는 아이들과 제대로 소통하는 기술, 나아가 학부모들과 소통하는 기술까지 살펴봅니다. 담임의 달인이 되는 기술은 '통하였느냐?'입니다.

칭찬하기

학생들과 좋은 관계를 형성하고, 학생들을 인정하고, 교사의 권위를 세우는 데 칭찬만 한 것이 없습니다. 자기를 인정하고 존중하며, 노력을 알아주는 칭찬은 학생들에게 큰 힘이 됩니다. 하지만 칭찬이 좋다는 것은 알겠는데, 도대체 무엇을 칭찬해야 할지 고민스럽습니다. 아무리 눈 씻고 봐도 칭찬할 구석을 찾아보기 힘들 때가 워낙 많기 때문이죠.

칭찬의 방법

① 별것 아닌 것처럼 보이는 일부터 칭찬하자

우리가 아이들에게서 긍정적인 행동과 변화를 끌어내려면 이미 잘하고 있는 것들, 그리고 당연하게 생각되는 것들을 놓쳐서는 안 됩니다. 당연한 것들에서부터 시작해야 학생들이 노력해야 하는 것들까지 연결해서 지도할 수 있습니다.

예를 들어 인사를 잘하는 것은 아주 중요합니다. 인사성은 사람들과 같이 어울려서 지내야 하는 우리 아이들이 기본적으로 갖춰야 하는 덕목이죠. 그런데 인사를 하지 않는 아이들을 볼 때마다 "인사 좀 해라."라고 지도하는 것보다 이미 인사를 잘하는 아이들에게 "선생님을 보고 인사를 잘하는구나. 선생님이 아주 기분 좋아졌어."라고 칭찬을 하는 것이 효과가 더 좋습니다.

② 집중해서 진심으로 칭찬하자

아무리 작은 일이라도 칭찬할 때는 아이들이 칭찬받고 있다는 것을 느낄 수 있게 마음을 다해 칭찬해야 합니다. 상대편의 노력을 인정하고, 상대편이 들인 노력에 대해 내가 어떻게 생각하는지 알려 주는 것이 칭찬이라고 생각합니다. 교사의 성향이 감정적으로 다소 둔한 편이라면 학생들이 소소한 성취에 느끼는 것만큼 100퍼센트 대응해서 느끼지 못합니다. 그럴 경우 학생들의 감정도 받아 주려고 하지만, 그보다 학생들이 들였던 노력을 재빨리 파악해 그런 부분을 칭찬합니다. 다시 말해 학생들이 긍정적인 행동을 할 때, 곧바로 눈치채고 그 부분을 인정해 주는 것입니다. 이렇게 하면 아이들은 담임이 진짜 눈치가 빠른 데다 자신에게 집중해 준다고 느낍니다. 자기가 뭔가 조금만 할라치면 벌써 알아차리고 칭찬한다는 것이죠.

이렇게 당연한 것을 당연하게 받아들이지 않고, 칭찬거리로 생각하기 위해서는 교사가 평소에 해야 할 일이 있습니다. 그것은 바로 언제나 아이들을 잘 관찰하고, 아이들의 긍정적인 모습을 기록해 두는 것입니다.

칭찬 문자

긍정적인 학급 분위기를 만들려면 학생들이 한 긍정적인 행동이 인정받고, 또 긍정적인 행동을 하는 것이 당연한 분위기가 만들어져야 합니다. 학생들의 낯선 행동을 예방하는 데 큰 도움이 되는 것이 객관적 자료를 통한 설득과 선택권 제공이라면, 학생들의 긍정적인 행동을 장려하는 데 도움이 되는 것은 바로 '칭찬'입니다. 담임교사는 학생들의 모습을 유심히 관찰하면서 작지만 소중한 어떤 긍정적인 변화가 일어나고 있는지 확인하고, 이를 발견했다면 학생을 칭찬해 주고, 학부모님께도 알립니다. 대단한 일을 했을 때에만 칭찬하는 것이 아니라, 작은 일이라도 긍정적인 변화가 보이면 바로 발견하고 칭찬하는 것이 중요합니다. "네가 조금이라도 노력하면 선생님이 바로 알아보고 칭찬해 줄 테니까 언제든지 해 봐."라는 메시지를 전달하는 것이죠.

칭찬의 방법은 거창하지 않아도 좋습니다. 부모님에게 학생이 어떤 행동을 했는지, 그 행동이 어떤 점에서 훌륭한지 이야기하고, 마지막으로 아이를 칭찬하고 인정해 주시기를 요청하는 것입니다.

> 안녕하세요. 아이가 야추위 간식/식사 팀으로 오늘 반 친구들에게 어떤 식사와 간식을 희망하는지 일일이 물어서 알아봐 줬네요.
> 덕분에 제가 아이들이 원하는 간식과 식사를 준비할 수 있었습니다. 귀찮았을 텐데 일일이 물어봐 준 우리 아이 대견합니다. ^^ 칭찬해 주세요.

> 안녕하세요. 지난 금요일에 있었던 학급 야영 때 아이가 담력 훈련을 맡아 계획하고 준비하고 잘 실행해 주어서 덕분에 반 아이들이 매우 즐거운 시간을 보냈습니다.
> 그동안 제가 봐 왔던 그 어떤 담력 훈련보다 재밌더라고요. 친구들이 쉬는 동안 한 시간 가까이 준비한다고 애쓰고, 또 담력 훈련 내내 복도에서 프로그램 진행한 우리 아이 많이 칭찬해 주세요. ^^
> 프로그램 진행하는 내내 담임이 신경쓸 거 하나 없이 착착 진행하는 모습이 상당히 믿음직스러웠습니다.

안녕하세요. 오늘 아이가 체육한마당 끝나고 피곤할 텐데도 뒷정리를 잘 도와주었습니다. 담임을 도와 적극적으로 참여해 주니 참 고맙네요. 많이 칭찬해 주세요. ^^

안녕하세요. 아이가 제가 운영하는 영자신문사의 부장을 맡아 저와 동아리 부원들을 잘 도와주고 있습니다.
1학년 때부터 지켜봐 왔는데 아이가 글솜씨를 제대로 뽐낼 수 있는 기회가 생긴 것 같습니다. 앞으로 기대가 큽니다. 아이 많이 칭찬해 주시고 격려해 주세요. ^^

현재 일반적인 학교 시스템에서는 아이들이 칭찬받을 기회가 많지 않습니다. 학업 성취가 좋은 학생들, 타고난 사교성을 바탕으로 선생님들과 좋은 관계를 맺고 지내는 학생들 등 소수의 학생들이 칭찬받는 경우가 많습니다.

마찬가지로, 학부모들이 교사에게 자녀에 대한 칭찬을 듣는 일도 흔하지 않습니다. 그래서 담임이 아이의 좋은 면모를 발견하고 칭찬하는 것을 굉장히 고무적으로 받아들이는 학부모가 많습니다. 학부모와의 좋은 관계는 무엇보다 평소 담임이 학생에게 얼마나 관심이 있는지, 또 학생의 상황을 얼마나 잘 알고 있으며, 학생의 변화를 잘 알아보는지에 달려 있습니다. 아무리 작은 일이라도 학생의 긍정적인 변화를 칭찬하면 뿌듯해하지 않으실 학부모님은 없습니다.

칭찬 문자를 아버님들께 보냈을 때 특히 효과가 좋습니다. 우리 사회에서 보통의 아버님들은 평소 아이들과 많은 시간을 보내지 못하지만, 그렇다고 아이들에게 관심이 없는 것은 아닙니다. 시간과 여건의 어려움으로 집에서 아이들과 대화를 많이 하지 못하는 안타까운 상황에서 아이가 학교에서 좋은 모습을 보이고 있다는 담임의 이야기를 들으면 아이에게 자연스럽게 말도 걸 수 있고, 평소 보지 못했던 아이의 모습도 알 수 있어서 좋다고 하십니다. 마지막으로 아이들은 학교에서 한 행동으로 집에서도 칭찬을 받으니 계속해서 좋은 모습을 보일 이유가 생깁니다. 그러다 보면 이런 기회를 마련해 준 담임의 말을 조금 더 잘 들어야겠다는 생각도 하겠지요. 담임교사는 착하기보다 현명해야 합니다.

칭찬 스티커

칭찬 문자와 연계해 학급 분위기를 긍정적으로 만드는 데 큰 도움이 되는 것이 칭찬 스티커입니다. 평소에 우리 반 학생들에게 길러 주고 싶었던 여러 가지 인성 요소 및 학급에서의 긍정적인 행동을 장려하는 방법으로 사용하면 참 좋습니다. 예를 들어 "친구들과 사이좋게 지내라."라고 말하는 대신에 친구들과 싸우지 않고 하루를 보내면 칭찬 스티커 1개 주기, "지각하지 마."라는 말 대신에 아무도 지각하지 않고 제시간에 등교하면 칭찬 스티커 1개 주기, 이런 식으로 구체적인 목표를 설정해 주고 실행하도록 합니다. 매시간 교과 선생님에게 인사하는 것을 칭찬 스티커 조항 중 하나로 정해 두었다고 한다면 여기에는 학생들의 인사성을 키워 주고자 하는 목적도 있습니다. 거기에 더해 교과 선생님에게 인사하면서 수업을 시작하면 '이제 수업 시작'이라고 모든 학생들에게 알리는 효과가 있어서 수업 분위기로 전환하는 데에도 도움이 되지요.

실제로 학교 폭력을 예방하려는 노력 가운데 한 가지 방법으로 학급에서 아무도 싸우지 않고 하루를 보냈을 때 칭찬 스티커를 부여했습니다. 사실, 학생들이 온종일 학교에 있다 보면 짜증 날 때도 있고 힘들 때도 있고 싸울 일이 많죠. 시비가 붙어서 싸움이 벌어지려고 할 때 옆에 있던 학생들이 적극적으로 말려서 싸움을 막는 것을 여러 번 볼 수 있었습니다. 이처럼 칭찬 스티커를 통해 학교 폭력 예방이 학급에서 얼마나 중요한지 학생들에게 자연스럽게 인식시킬 수 있습니다. 다음은 칭찬 스티커 받는 방법입니다.

- 성실한 수업 태도로 교과 선생님에게 칭찬받았을 때 1개
- 그날 친구들과 싸우지 않았을 때 1개
- 인사를 하루에 네 번 이상 했을 때 1개
- 독서 시간에 모두 떠들지 않고 집중했을 때 1개

- 반에서 아무도 지각하지 않았을 때 1개
- 반 친구가 상장을 받았을 때 1개
- 반 상장 한 장당 1개

칭찬 스티커의 첫 번째 항목을 교과담임의 칭찬을 받은 경우로 두는 이유는 학급 학생들과 교과담임과의 긍정적인 유대를 강화하기 위한 것입니다. 간혹 수업 분위기를 다잡기 위해 수업 도중 발생하는 문제를 교과담임이 학급담임에게 알리도록 하는 경우가 있는데 이는 바람직하지 않습니다. 문제를 일으킨 학생이 교과담임에게 혼나고 또다시 학급담임에게도 혼나는 이중 처벌이 되는 데다 교과담임이 학급담임에게 '고자질'을 했다는 반발심에 학생과 더욱 등을 지기 쉽습니다. 칭찬 스티커 제도는 이를 예방할 수 있다는 장점이 있습니다.

교실에서 가장 잘 보이는 칠판 옆에 스티커를 붙일 게시판을 걸어두고서 학생들이 늘 볼 수 있도록 하면 칭찬 스티커의 효과를 극대화할 수 있습니다. 칭찬 스티커 목표 개수를 모두 달성했을 때 스티커 모으는 데 기여한 학생들은 '내가 한 행동이 학급에 도움이 됐어!'라는 긍정적인 생각을 하게 됩니다. 이와 같이 칭찬 스티커 제도는 '기여'의 형태로 소속감과 자존감을 끌어올리는 방법입니다.

그날그날 받은 칭찬은 학급 1인 1역 중 하나인 '칭찬 팀장'이 기록해 두었다가 칭찬 스티커를 결산하는 종례 시간에 담임에게 알려 주

Wow! 반 전체가 함께 받는 칭찬 스티커

칭찬 스티커는 어떻게 받아요?

❶ 수업 태도가 좋아서 교과 선생님께 칭찬받았을 때 1개
❷ 그날 친구와 싸우지 않았을 때 1개
❸ 인사를 하루에 네 번 이상 했을 때 1개
❹ 독서 시간에 모두 떠들지 않고 집중했을 때 1개
❺ 반 친구들 모두 지각하지 않았을 때 1개
❻ 반 친구가 상장을 받았을 때 1개
❼ 반 상장을 한 장 받을 때마다 1개
❽ 유인물 제출 기한을 모두 지켰을 때 1개

1	2	3	4	5	6	7	8	9	10
11	12	13	14	15	16	17	18	19	20
21	22	23	24	25 몽쉘이	26	27	28	29	30
31	32	33	34	35	36	37	38	39	40
41	42	43	44	45	46	47	48	49	50 기념 선물 추첨
51	52	53	54	55	56	57	58	59	60
61	62	63	64	65	66	67	68	69	70
71	72	73	74	75 뭘 줄까?	76	77	78	79	80
81	82	83	84	85	86	87	88	89	90
91	92	93	94	95	96	97	98	99	100 Pary!

도록 합니다. 칭찬 팀장은 학급 분위기를 좋게 만드는 데 막대한 공헌을 하는 학생이므로 칭찬 기록용 노트를 준다거나 필기구를 선물한다거나 하는 식으로 학생의 노력을 담임이 잘 알고 있다는 것을 표현해 주면 좋아요.

이렇게 모은 칭찬 스티커가 25개, 50개, 75개, 100개에 이를 때

마다 아이스크림 파티나 과자 파티 등으로 기념하여, 작은 긍정적인 행동이 하나하나 쌓이면 물리적인 보상으로 돌아온다는 것을 학생들이 깨달아 스스로 긍정적인 행동을 더 많이 하도록 유도합니다.

칭찬 스티커 제도 시행 시 유의할 점

칭찬 스티커 제도는 미국의 한 초등학교 교사가 통에 예쁜 구슬들을 넣어 두고서 반 아이들이 바람직한 행동을 할 때마다 다른 통으로 옮겨 담다가 구슬이 모두 옮겨지면 학급 구성원 전체에게 맛있는 간식으로 보상하는 모습을 보고 벤치마킹한 제도입니다. 이 제도가 전통적인 스티커 제도와 다른 점은 개인별 또는 모둠별로 주지 않고 학급 전체에 공을 돌린다는 것입니다.

개인별 또는 모둠별 스티커 제도에는 두 가지 약점이 있습니다. 첫째, 개인별로, 모둠별로 차이가 나기 마련이라 중도 포기가 생기게 됩니다. 둘째, 교사의 의도와는 관계없이 경쟁의식이 싹틀 수 있습니다. 학급운영의 목표가 자존감과 소속감의 증대로 낯선 행동을 예방하는 데 있다면 전통적인 스티커 제도는 스티커를 잘 받는 학생에게는 긍정적으로 작용하겠지만 그렇지 못한 학생은 오히려 자존감과 소속감에 상처를 받기 쉽습니다.

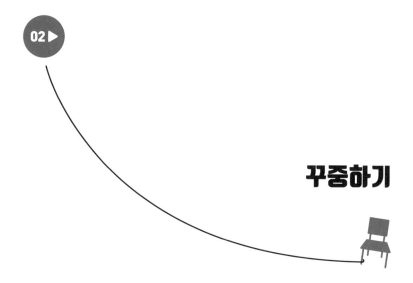

02 ▶

꾸중하기

아무리 긍정적인 학급 분위기를 만들려고 노력하고 칭찬하고 격려해도 많은 학생들이 한 공간에서 함께 지내다 보면 문제가 생길 수밖에 없습니다. 사실 많은 아이들이 각양각색의 기분으로 학교에 와서 지내는데 다툼, 싸움, 문제 없이 무사히 하루를 보낸다는 것이 오히려 기적에 가까운 일이 아닌가 싶어요.

담임교사가 학급을 위해 최선을 다하는데도 문제가 발생한다면, 그것은 담임교사의 책임일까요? 그렇지 않습니다. 누가 담임교사를 했어도 언젠가는 일어날 일이었다고 생각하고, 어떻게 처리할지 고민하는 것이 현명합니다.

반 전체의 분위기가 흐트러지는 때가 온다

학생 한두 명 정도가 개입된 문제라면 학급 규칙에 근거해 지도하면 되지만, 이상하게 반 전체의 분위기가 안 좋은 쪽으로 흐르는 시기가 있습니다. 보통 학생들이 수련회나 수학여행을 다녀오는 5월 하순 이후, 그리고 2학기가 시작되고 한 달쯤 지난 9월 말께에 반 분위기가 흐트러지는 경우가 많죠. 이쯤 되면 수업하는 여러 교과 선생님들이 "반 분위기가 안 좋다."거나 "괜찮았던 아이들까지 분위기를 타기 시작한다." 같은 말로 우리 반의 상황을 알려 주기 시작합니다.

이때 섣불리 아이들을 꾸중했다가는 자칫 담임교사가 반을 꾸중하고 잔소리한다는 인상을 줄 수 있습니다. 아이들 입장에서는 크게 잘못한 일이 없다고 생각할 수 있는데 괜히 긁어 부스럼만 만들 수 있지요. 정말 학급 분위기가 안 좋아져서 흔들리기 시작하면 오래 지나지 않아 누가 봐도 반 전체가 잘못하는 일이 생깁니다. 바로 그때가 담임교사가 반 아이들을 제대로 꾸중하기 알맞은 시기입니다. 적절한 시기가 올 때까지 참고 기다리면서 학생들에게 "게이지가 채워지고 있으니 조심해."라는 식으로 경고 메시지를 주세요.

반 전체가 잘못해서 변명의 여지가 없는 순간은 언젠가 옵니다. 예를 들어 오늘 수행평가를 하는 날인데 반 학생 전체가 거짓말로 내일이라고 교과 선생님을 속인다거나, 반에서 싸움이 벌어졌는데 누구

하나 말리지 않고 구경만 한다든가, 학급 스포츠 경기를 진행하는데 어차피 질 거라고 생각해 아예 대회에 출전하지 않아서 몰수패를 당하는 경우 등등 말입니다. 이때는 반 전체가 정말 잘못을 했기 때문에 담임교사가 반 전체를 꾸중해도 학생들이 반발하지 못합니다. 꾸중도 학급의 목표, 교사의 교육철학에 맞게 계획적으로, 의도적으로 해야 효과가 있습니다. 교사가 감정을 조절하지 못한 상태에서 학생들에게 화를 내는 것은 오히려 역효과를 불러올 수 있어요.

'I-메시지'로 꾸중하기

설득이나 꾸중을 해야 할 때 'I-메시지'를 이용하면 좀 더 쉽게 아이의 공감과 이해를 끌어낼 수 있습니다. I-메시지를 간추려 정리하면 아래와 같습니다.

네가 ~하면(When you ~)
내 마음이 ~해(I feel ~)
왜냐면 난 ~(Cause I ~)
그래서 말인데 ~(So I want ~)

교사는 교실 안에서 벌어지는 일로도 그렇지만 그 밖에 개인적인 일로도 기분이 좋지 않거나, 아니면 몸이 안 좋은 날이 있을 수 있습니다. 이럴 때는 아이들에게 사실 그대로 내 감정 상태가 어떤지 이야기하는 것이 좋습니다. 마찬가지로 잘못한 학생을 꾸중할 때도 차근차근 상황과 이유, 교사가 느끼는 감정을 설명합니다. 이때 위의 I-메시지를 활용해 보세요. 먼저 '상황 또는 행동'을 정리하고, 그때 느낀 '감정'과 그렇게 느낀 '이유'를 설명한 다음, 앞으로 어떻게 하면 좋을지 '조치 또는 희망 행동'을 이야기하는 거예요.

컴퓨터과학이나 정보통신기술 분야에서 사용하는 GIGO라는 용어가 있습니다. 'Garbage In, Garbage Out'이라는 말의 약자인데, 컴퓨터는 논리 프로세스에 따라 운영되기 때문에 입력한 데이터대로 결과가 출력된다는 뜻이죠. 우리 속담으로 표현하면 "콩 심은 데 콩 나고 팥 심은 데 팥 난다."입니다. 평소 교사가 자신의 감정을 솔직하게 잘 표현하면 학생들도 이를 보고 배우게 되어 긍정적인 영향을 줄 수 있습니다.

진심 어린 반성 뒤에는 다시 격려하기

실제로 반 학생들이 수행평가가 내일이라고 거짓말을 해서 교과 선생님을 속인 일이 있었습니다. 나중에 거짓말한 것이 드러나서 학급담임에게 전달됐던 사안입니다. 이때 다음과 같은 절차로 사안을 처리했습니다.

1. 반 학생들에게 실제로 그런 일이 있었는지 확인합니다.
2. 확인이 되면, 학생들에게 그런 행동이 담임에게 어떤 감정을 들게 했는지 'I-메시지'를 활용해 전달합니다.
   "나는 늘 정직하고 거짓말하지 않을 것을 강조하면서 교육해 왔는데 너희들이 이렇게 선생님에게 거짓말을 하고 다른 학생들은 그걸 듣고도 가만히 있었다는 사실이 너무 실망스럽고 속상하다. 우리 반 담임을 맡고서 오늘은 정말 담임으로서 힘든 날이다."
3. 앞으로 또 이런 문제가 생겼을 때 어떻게 해결하면 좋을지 이야기하고, 학생들에게 당부합니다. 잘못했을 때에는 진심 어린 사과를 해야 하며, 이를 제대로 하면 상대편이 용서해 줄 수도 있다고 학생들에게 설명합니다.

진심 어린 사과의 3요소
- 죄송합니다.
- 제가 잘못했습니다.
- 어떻게 하면 제 사과를 받아 주실 수 있을까요?

평소 학부모와 의사소통이 잘 이루어져 라포르^{Rapport}가 잘 형성된 상황이라면 학부모에게도 알리는 것이 좋습니다. 학급의 좋은 일뿐만 아니라 어려운 일도 학부모와 함께 나누고 지혜를 모아 해결 방법을 모색해 나가야 하니까요.

> 오늘은 그 어느 날보다 무겁고 착잡한 마음으로 글을 띄웁니다.
>
> 오늘 점심 식사를 하면서 동료 선생님에게 너무나도 충격적인 이야기를 들었습니다.
>
> 내용인즉, 어제 사회 시간에 수행평가를 보기로 되어 있었는데 사회 선생님이 "오늘이 수행 날이지?"라고 묻자 우리 반 아이들이 단체로 수행 날이 아니라고 거짓말을 했다고 합니다. 이미 계획했던 내용이라 사회 선생님이 알면서도 확인차 물었는데 아니라고 거짓말을 한 것이지요.
>
> 이 말을 듣고 설마 우리 반일 리 없다고 생각해 사회 선생님에게 "우리 반 얘기가 아니지요?"라고 거듭 확인했는데 우리 반이 맞는다고 하셨습니다. 사실을 확인한 순간 너무 속상하고 당황스럽고 화가 났습니다.
>
> 그동안 담임으로서 우리 반 아이들에게 정직과 예의, 배려를 무엇보다 강조해 왔는데 아이들이 이렇게 큰 거짓말을 단체로 했다는 사실에 크나큰 충격을 받았습니다.
>
> 오늘 5교시 스포츠 시간을 잠시 할애해 아이들에게 이야기하는데 말을 이을 수 없을 정도로 감정이 격앙되고 떨렸습니다.
>
> 아마 담임이 부족하고 옳지 못한 모습을 보였기에 아이들이 그렇게 행동했으리라 생각합니다. 저의 부덕을 책망하고 반성하면서 내일 사회 선생님에게 사과를 드리려고 합니다.
>
> 참 속상하고, 아이들에게 섭섭하고 화가 나는 하루였습니다.
>
> 학부모님들께 좋지 못한 소식 전해 드려서 죄송합니다.

특히 학급 전체가 개입된 중대한 사안은 심각하게, 진지하게 다뤄야 합니다. 문제가 발생한 이후에 어떻게 반의 분위기를 다시 만들어 가느냐가 매우 중요합니다. 잘못을 인정하고 사과와 이후 조치 등을 성실하게 수행했을 때, 학급은 다시 앞으로 나아갈 수 있는 동력이 필요합니다. 비록 잘못은 했지만, 잘못을 진심으로 반성하고 이로써 배움이 생겼다면, 우리 반은 앞으로 더욱 발전할 가능성이 있다고 이야기하며 학생들을 다시 다독이고 격려해야 합니다.

'낯선 행동' 솔루션

미리 잘 준비해서 첫날 긍정적인 분위기를 만들고, 생활기록부, 칭찬 문자, 칭찬 스티커로 학급담임의 영향력을 키우고, 학급 규칙으로 우리 반의 테두리를 잡으면 체계가 잘 잡혀서 학급이 어느 정도 굴러가기 시작합니다. 하지만 학급담임이 아무리 노력을 기울여도 학급에서는 늘 문제가 발생합니다. 단순히 "이건 하면 안 되는 행동이야."라고 말로 주의를 주어서는 해결되지 않는 행동을 학생들이 하기 때문입니다.

대한민국 교실에서 벌어지는 6대 낯선 행동은 '끼떠따방잠땡'입니다. 풀어 쓰면 '(교사 말에) 끼어들기, 떠들기, 따지기, (수업) 방해하기,

잠자기, 땡땡이'입니다. 땡땡이에는 학교에서 몸이 떠나는 미인정 지각, 조퇴와 결석 말고도 마음이 떠나는 멍때리기 등이 포함됩니다. 낯선 행동에도 등급이 있는데, 끼어들기 < 떠들기 < 따지기 < 방해하기 < 잠자기 < 땡땡이순입니다.

낯선 행동의 유형

1930년대에 교육학자 루돌프 드라이커스^{Rudolf Dreikurs}는 수업 중 학생들이 낯선 행동을 하는 목적을 다음 네 가지 '어긋난 목표^{Mistaken Goal}'라고 파악했습니다. 관심 끌기^{Attention}, 힘의 과시^{Power}, 앙갚음^{Revenge}, 실패 회피^{Avoidance of Failure}가 바로 그것입니다.

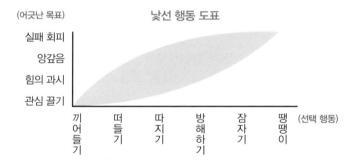

① 관심 끌기 _{Attention}

관심 끌기는 낯선 행동의 목적에서 절반 이상을 차지합니다. 이 단계에서는 긍정적인 행동을 할 수도, 부정적인 행동을 할 수도 있습니다. 소년기 아동 행동의 90퍼센트가 관심을 얻고자 하는 데 있다고 해요. 낯선 행동의 유형 중에서는 '끼어들기'가 가장 많이 나타나는데, 그 원인이 ADHD인 경우가 종종 있습니다. 유년기에 부모와 애착 관계가 덜 형성되었거나 과잉 행동으로 친구들이 멀리함으로써 자존감이 낮아져서 교사나 급우에게 관심을 받고자 하는 경우입니다. 구체적으로는 지속적인 관심 요구하기, 교사 말에 끼어들기, 친구들에게 웃음을 유발하는 엉뚱한 말이나 행동하기 등이 있습니다. 이러한 낯선 행동을 다루는 첫 번째 기술은 못 본 척, 못 들은 척하는 거예요. 하지만 수업에 방해가 될 정도로 불필요한 질문을 계속할 때는 조치가 필요합니다. 질문 전에 정리를 위해 숨을 깊게 다섯 번만 쉬라고 하거나, 질문이 창의적이니 잊지 않도록 늘 수첩에 기록한 다음 질문을 하라고 하면 학생이 수첩에 기록하는 도중에 잊어버리거나, 아니면 정리가 되어서 수업의 흐름에 방해를 받지 않을 수 있습니다.

'관심 끌기'와 관련된 낯선 행동 다루기

- 학생과 눈을 맞춥니다.
- 해당 학생에게 다가갑니다.

- 수업을 계속해 나가면서 직접적인 질문을 하거나(예: "왜 이상한 소리를 내지요?") 학생의 이름을 부릅니다.
- 낯선 행동에 열중하는 학생에게 가까이 다가가서 (낯선 행동과는 무관한 다른 건의) 칭찬을 합니다.

② 힘의 과시 Power

관심 끌기가 여의치 않으면 학생들은 다음 단계인 힘의 과시로 넘어갑니다. 이들 학생은 교사나 급우를 지배할 때에만 자신이 집단의 일부이고 제대로 생활하고 있다고 굳게 믿는 것처럼 행동합니다. 이런 사례는 해당 학생에게 적절한 역할과 합리적 권력을 부여하면 스스로 낯선 행동을 멈추게 되어 문제가 해결되는 경우가 많습니다. 특히 적절한 1인 1역이 도움이 됩니다. 이에 대해서는 뒷부분에서 다시 살펴보겠습니다.

'힘의 과시'와 관련된 낯선 행동 다루기

- 학생 의견에 동조해 주거나 주제를 변경해 직접적인 대결을 피합니다.
- 학생의 힘을 인지했음을 밝히고 (그에 따른) 교사의 행동을 말합니다.
- 학습활동에 변화를 준 다음 예상치 못한 일을 하거나, 관심 주제에 대해 새로운 학급 토론을 시작합니다.
- 학생이 말한 대로 행동할 선택권을 주거나 타임아웃(중지) 시간을 가집니다.

③ 앙갚음(복수)Revenge

관심 끌기, 힘의 과시가 모두 실패하면 다음 단계로 앙갚음을 시도합니다. 이러한 학생들은 교사나 급우를 공격함으로써 자신은 기존 사회질서에서 벗어나 있다고 믿는 경향이 있습니다. 구체적 행동으로는 교사나 급우에게 공격적으로 행동하기, 일진Bully 되기, 교사나 급우 위협하기 등이 있습니다. 이에 속하는 학생들은 싫어하는 과목은 거들떠보지도 않으며, 교사가 이에 적절히 대응하지 못할 경우 교사에게 복수합니다.

집에서 쌓은 화가 오전 수업을 통해 쏟아져 나오고, 쉬는 시간의 화가 수업 시간에 폭발하기도 하죠. 조회 시간을 집에서 가져온 화가 어느 정도인지 사전 파악하는 시간으로 삼아야 합니다. 따라서 담임 교사는 조회 시간에 학급 학생들의 표정, 몸가짐, 행동거지 등을 세심하게 살펴야 해요. 가끔은 쉬는 시간, 특히 점심시간에 담임교사가 교실에 가서 아이들과 함께 시간을 보내는 것도 좋습니다.

'앙갚음'과 관련된 낯선 행동 다루기

- 긍정적인 언급으로 돌봄 관계를 구축합니다.
- "넌 괜찮아. 하지만 네 행동은 올바르지 않아."라는 태도를 견지합니다.
- 잘못된 행동의 개선, 수정을 요구합니다.
- 필요한 경우 학부모 상담으로 도움을 요청합니다.

---

④ **실패 회피**(도피)^{Avoidance of Failure}

앞선 모든 전략이 실패하면, 해당 학생은 자기가 이 집단에 부적합하다고 생각하거나 집단에서 자기 역할이 중요하지 않다고 생각할 수 있습니다. 또는 자기가 이 학교나 가정에 불필요한 아이라든가, 실질적으로는 자기가 이 학급(학교)에 소속되어 있지 않다고 느껴 좌절하게 됩니다.

구체적 행동으로는 잠자기, 멍때리기(몽상하기), 투명 인간처럼 생활하기 등이 나타납니다. 해당 학생에게 활동이나 발표를 시키면 일부러 낯선 행동을 해 걸려서 제외되려고 합니다. 이처럼 학생이 회피하려고 할 때 교사가 느낄 수 있는 감정은 무기력 또는 당황스러움입니다.

'실패 회피'와 관련된 낯선 행동 다루기

- 주어진 과제의 힘듦을 인정해 주고, 과거 학생의 성공 사례를 상기시킵니다.
- 지시문과 학습 자료에 변화를 줍니다.
- 성과를 인정함으로써 "난 못해." 대신 "난 할 수 있어."라는 인식을 심어 줍니다.
- 자신감을 쌓기 위해 또래 교습자를 지정해 주거나, 타인을 돕게 합니다.

낯선 행동을 예방하려면

낯선 행동을 예방하려면 첫째, 낯선 행동의 원인과 목적을 정확히 이해해야 합니다. 학생이 낯선 행동을 일으키는 본질을 정확히 꿰뚫어 볼 수만 있다면, 문제의 반은 이미 해결된 것과 마찬가지예요. 둘째, 낯선 행동을 보인 학생에게 다양한 방법으로 자신의 재능과 강점 Talent and Strength 을 보여 줄 기회를 마련해 주어야 합니다. 낯선 행동 예방 프로그램이 단기용 전략밖에 없다면, 학생들은 언젠가는 다시 낯선 행동을 하게 될 것입니다.

심리학자 알프레드 아들러는 낯선 행동의 원인을 자존감과 소속감 결여에 두었습니다. 따라서 낯선 행동을 예방하려면 학급운영, 수업운영, 생활교육 등 학교생활 전반에서 자존감과 소속감 향상을 화

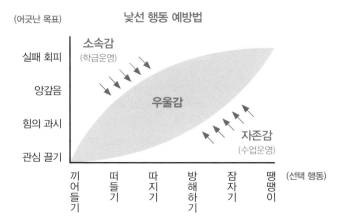

두로 삼아야 합니다. 학교 폭력과 자살도 낯선 행동의 연속선상에 있습니다. 모든 교사가 자존감과 소속감 향상을 화두로 자신의 학급운영, 수업운영을 성찰하고 변화를 모색해야만 합니다.

낯선 행동을 예방하는 두 가지 백신인 소속감과 자존감에 대해 살펴보겠습니다.

① 소속감

소속감은 자신이 속한 집단이 자기를 인정해 줘야만 생깁니다. 소속감이 부족하면 자신만의 인정 시스템을 만들려고 시도합니다. 한때 학교에 폭력 서클 '일진'이 유행한 것도 학교에 소속감을 갖지 못한 학생들이 자신들만의 인정 시스템을 갖추려고 한 결과죠. 일진 아이들이 비슷한 모습으로 침을 뱉거나 비속어를 쓰는 것과 조직폭력배가 깍두기 머리와 문신을 하는 심리는 소속감의 표현에 불과합니다.

소속감 배양을 위해 학급운영에 있어 1인 1역 제도가 필수입니다. 린다 앨버트Linda Albert는 『협동 훈육Cooperative Discipline』이라는 책에서 교사가 자기에게는 칠판 지우는 일을 시키지 않자, 선생님이 자기를 미워한다며 낯선 행동을 한 학생의 일화를 소개하기도 했습니다.

② 자존감

낯선 행동을 영원히 끝내게 하는 유일한 방법은 학생들의 자아 존중감(자존감)을 높여 주는 것뿐입니다. 자존감을 높이는 방법으로, 학생들이 특정 집단에 속해 있음을 느끼게 도와주는 3C를 들 수 있습니다. 자신이 무엇인가를 해낼 수 있는 능력이 있고Capable, 친구와 관계를 맺고 소속집단과 연계되어 있으며Connected, 자기가 소속된 집단에 기여하고 있음을Contribute 자각할 수 있도록 해야 합니다. 아들러가 말한 이른바 3C가 충족된다면, 더 이상 어딘가에 속하려는 욕구를 실현하기 위해, 또는 결여된 자아 존중감을 채우기 위해 비행을 일삼을 이유는 없겠지요. 따라서 학생들이 3C를 충족할 수 있도록 격려해 주는 전략이 필요합니다.

1) 자신감(유능감)Capable

자신감을 드러내도록 하는 데는 수행평가만 한 것이 없습니다. 학생들이 자기의 재능을 드러낼 수 있게 장기자랑Talent Show의 기능을 하도록 해 모든 아이들을 슈퍼맨으로 만들 궁리를 해야 합니다. 학생들에게 여러 가지를 예시로 제시해 주고 수행과제를 선택하도록 합니다. 예를 들면, '그림만' 잘 그리는 학생에게는 '슈퍼 그림맨'을, '노래하는 것만' 좋아하는 학생에게는 '팝송 부르기'를, 에너지 넘치는 학생들에게는 '립싱크 동영상 만들기'를, 피아노를 배우는 학생에게는 '팝송 반주'를 선택하도록 하는 거예요. 학생들의 수행평가 결과물을 교실 벽에 붙이거나 스캔이나 사진 촬영을 하여 인터넷에 올리면 마치 작품을 모아 놓은 포트폴리오와 같습니다. 수행평가 결과물을 인터넷 카페에 올려놓게 하면 다른 친구들은 어떻게 했는지 한번 보라고 굳이 말하지 않아도 궁금해서 찾아보게 되죠. 게시판 조회 수가 학급 재적수에 무한 수렴하는 경향을 확인할 수 있어요. 과제를 올리는 누구라도 자기가 한 과제를 볼 수 있으니 과제에 더욱 신경을 쓰게 되는 점은 두말할 것도 없고요.

채점 기준은 아주 간단합니다. 마감날까지 내면 만점을 주고, 하루 지날 때마다 1점씩 감점을 합니다. 아이들이 수행평가 자체를 좋아해서 점수에 불만을 가지지 않습니다. 또 과제를 하지 않은 아이들을 다그칠 필요가 없어서 좋습니다. 전체 학생이 내면 수행 점수가 모두 만점이 되어 변별력을 상실하기 때문입니다. 강요하지 않는 분위기에서 과제를 안 내는 비율이 전국적으로 30퍼센트 내외인 듯합니다. 정서·행동 검사 고위험군의 비율과 엇비슷합니다. 오히려 과제를 내지 않은 아이들에게 마감이 끝난 뒤 건빵을 한 줌씩 주며 "너희들 덕분에 이 수행이 가능했단다."라고 말할 수도 있겠죠. 아이들은 의미를 모르니까 알쏭달쏭한 표정을 지을 테고요.

자신감 향상에 교사의 격려는 필수입니다. 학생이 적절한 행동 변화를 나타낼 때 평가가 담긴 칭찬보다는 학생의 변화를 바로 알아차렸음을 알려 주는 인정Recognition이 더 도움이 됩니다. 학생의 행동이 과거보다 나아졌을 때 곧바로 "○○가 ~했구나."라고 알아보고 언급해 주는 것만으로 충분합니다. 이때 비교 대상은 절대로 엄친아 같은 타인이 아니라 과거의 그 학생 자신이어야 해요. 특히 낯선 행동을 많이 하는 학생은 언제 또다시 그와 같은 긍정적 변화가 나타날지 모르니 매의 눈으로 지켜봐야 합니다. 다시는 영영 기회가 오지 않을지도 몰라요.

2) 연계(연결)Connected

교사는 학급 학생들과 긍정적인 관계를 맺어야 합니다. 조회 시간에 단 몇 초씩이라도 아이들의 눈을 하나하나 바라보는 '양질의 시간 Quality Time'을 가져 보세요. 애정 어린 한마디의 말이 아이들에게 행복한 느낌을 줄 거예요. 이른바 '일진'이라고 불리는 학생들은 어깨를 토닥이거나 머리를 쓰다듬으며 격려해 주면 무척 당황하는 모습을 보이곤 합니다. 여태껏 그런 경험이 적었기 때문이죠.

3) 기여(공헌)Contribute

학급운영이나 수업운영에 학생들이 적극적으로 참여하도록 유도합니다. 학급 회의를 통해 학급운영에 학생들의 의견을 반영하도록 하고, 가능하면 학생들의 결정권이 작용할 수 있는 여지를 남겨 둡니다. 학습 멘토링을 정해 줌으로써 서로 간 학습에 도움이 되도록 합니다. 배우는 학생에게 도움이 됨은 물론, 알려 주는 학생도 자기 지식을 견고히 하는 훌륭한 학습 방법이 됩니다. 동시에 자기가 친구의 학습에 기여했다는 사실에 행복감을 느끼게 됩니다. 학급운영에 있어서는 1인 1역이 필수입니다. 모든 학생에게 한 가지 이상의 역할을 줌으로써 무기력한 학교, 학급 생활에 활기를 줄 수 있어요. 적절한 하나의 역할을 주었을 때 의외로 자신의 역할에 몰두하는 학생도 많습니다.

교칙을 위반하는 낯선 행동 대처법

인성 교육 등 다양한 방법으로 낯선 행동을 예방하고자 해도 우울의 정도가 심한 경우 교칙을 넘어서는 일탈 행위를 하곤 합니다. 이럴 때에는 사전에 선도 처분, 즉 징계처분에 대해 미리 알려 줍니다. 교실 곳곳에 게시물을 붙여서 알리고, 가정 통신문으로 보호자에게도 확실하게 알리고 가능하면 회신서도 받아 두는 것이 좋습니다. 그래야만 사제師弟 간에 감정을 다치지 않고, 오히려 징계 처분 이후 학생의 성찰과 성장으로 교사에 대한 신뢰가 커질 수 있습니다.

학생이 외부 기관으로 사회봉사나 특별 교육을 하러 가야 한다면 담임교사는 해당 기관을 찾아 아이가 이번 기회에 성찰하고 성장할 수 있게 도와 달라고 부탁하는 것이 좋습니다. 학생은 물론 학부모에게도 교사가 학생을 포기한 것이 아니라 성찰과 성장을 위해 책임을

지는 모습을 보여 줄 수 있기 때문이에요. 담임교사가 아이의 사안에 맞는 사회봉사나 특별 교육기관을 알아내 생활지도부에 요청하는 방법도 의미가 있습니다. 징계를 대체할 수 있는 수단으로 수련 교육도 도움이 됩니다. 수련은 자연이 주는 허용성과 개방성을 바탕으로 즐겁고 극적인 체험을 하며 그 의미를 성찰하는 기회가 되며, 이로써 교사와 학생 사이의 신뢰도에도 크게 영향을 줄 것입니다.

선도 처분의 결과로 징계를 받은 학생의 개요를 익명으로 학생들에게도 알립니다. 이 모든 과정은 또 다른 낯선 행동도 같은 방식으로 처분될 수 있음을 사전 안내하는 생활교육이 되지요. 하지만 이때 그 학생을 추측할 만한 개인 정보(학급, 이름의 첫 글자 등)는 인권침해에 해당하므로 철저히 비밀을 지켜야 해요. 누군가를 짐작할 수 있는 사안이라면 게시를 유보하는 것이 좋습니다.

결과 안내 중심의 훈육을 뒷받침하려면 교사와 학생, 교사와 부모, 부모와 학생 간의 신뢰 관계 형성이 전제되어야 합니다. 훈육 과정에서 신뢰 관계 형성의 핵심은 감정 개입이나 화내기 또는 꾸짖음, 나무람, 지적, 비난 등을 배제하는 거예요. 감정 개입 없이 미리 고지된 규정과 책임의 내용에 따라 처리하는 것이 중요합니다. 즉, 행위의 결과를 안내한 대로 '사안을 처리하는 것'입니다. 그리고 나서 다음 단계의 결과를 안내하는 방식입니다. 이 과정에서 화나 감정이 개입되지 않기 때문에 교사와 학생, 교사와 부모의 관계가 손상되지 않습니다.

다시 말해, 징계를 위한 징계가 아니라 학생의 성장과 행복한 변화를 기원하는 사랑과 존중 기반의 징계를 의미합니다. 따라서 징계는 다양한 절차와 수단을 동원해 학생의 감화와 각성을 통한 성장의 계기가 되도록 조직되고 계획되어야 하며, 이때 지역사회 및 학부모, 전 교사가 협력해야 합니다.

정리하자면, 전통적인 생활지도 또는 몇몇 교사가 생활을 통제하거나 일부 부서가 책임지는 식의 학생 통제의 업무가 아니라, 상담과 자치와 돌봄이 어우러진 생활지도, 즉 생활교육 체계를 세워야 합니다.

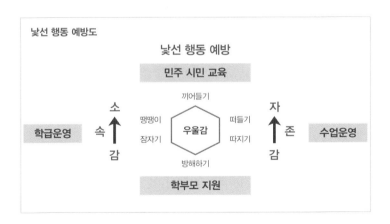

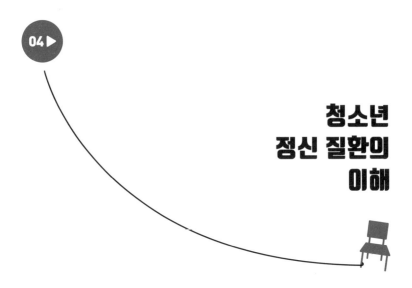

청소년 정신 질환의 이해

우리 학생들이 우울증, 인터넷 중독, ADHD와 같은 정신 질환에 시달리고 있다는 소식은 어제오늘의 일이 아닙니다. 겉으로 보기에는 똑같아 보여도 이런 어려움을 겪고 있는 학생들에게는 전문적인 도움이 필요해요. 담임이 직접 학생들의 낯선 행동에 대처하고 지도하는 데에는 한계가 있습니다. 게다가 행동이 좀처럼 개선되지 않는 학생들을 보면서 교사를 무시하는 것인지, 교사가 무능력한 것인지 고민하게 되고, 결국 좌절할 수 있습니다.

우리가 다리를 다친 학생에게 왜 뛰지 않느냐고 꾸중하지 않듯이, 마음의 어려움이 있는 학생도 다그치지 않는 것이 좋습니다. 때로는 한창 성장 중인 학생들이기에 순식간에 문제가 해결되기도 합니다. 문제가 개선되기 시작하면 그동안 여러 가지 문제로 억눌려 있던 감정이 발산되며 한층 좋아지게 되죠. 이런 어려움을 가진 학생들이 누군지 파악하고, 돌보고, 상황이 개선되도록 챙겨 주는 것이 오늘날 학급담임에게 요구되는 중요한 역할입니다. 따라서 학급담임은 청소년 정신 질환과 그 형태에 대해 잘 인지하고 학생들에게 필요한 도움을 제공하고, 학부모와 협력해 학생이 전문가의 도움을 받을 수 있도록 안내할 수 있어야 합니다. 대표적인 청소년 정신 질환을 살펴보겠습니다.

청소년 정신 질환의 종류

① 우울증

우울증을 '마음의 감기'라고도 부릅니다. 감기처럼 흔한 마음의 병이라는 것이죠. 그렇다고 우울증을 가볍게 생각해서는 안 됩니다. 청소년들이 겪는 우울증은 '가면 우울증'의 형태로 많이 나타나는데, 이는 겉으로는 멀쩡해 보이지만 마음속은 굉장히 우울한 상태입니다. 가면을 쓴 우울증은 가벼운 우울증이나 일시적인 슬픈 감정과 달리 심각한 상태일 가능성이 크지만, 겉으로 드러나지 않으니 눈치채기가 어렵습니다. 그래서 방치된 채 악화되기 쉬워 특히 더 위험하지요.

청소년들은 자기가 우울증에 걸렸는지도 모른 채 마치 가면 뒤에 꼭꼭 숨듯 내면 깊숙이 틀어박혀서 천의 얼굴로 변신합니다. 결국 우울증을 이기지 못하고 비행의 수렁에 빠져들거나 자해나 자살을 감행하기도 합니다. 이렇듯 가면 우울증은 전형적인 우울 증세를 보이지 않아서 '비전형적인 우울증'이라고도 불립니다. 가면 우울증은 비행, 미인정 결석, 가출, 컴퓨터 중독, 외모에 대한 지나친 관심, 식탐, 도벽 등으로 나타나기도 해요.

우울증이 생기는 원인은 무엇일까요? 가정불화, 원만하지 않은 교우 관계, 성적, 외모, 또는 우울한 성향 등 여러 가지 이유가 있을 거예요. 이러한 이유로 마음에 우울함이 들어차면 매사에 근심스럽고 가슴이 답답하고 활기를 잃게 됩니다. 그 어느 곳보다 학교에서 오랜 시간을 보내는 학생들은 자신의 우울함을 교사에게 풀어내려고 하는 모습을 종종 보입니다. 오히려 친구들에게 그럴 것 같은데, 교우 관계가 매우 중요한 시기인 만큼 친구들에게는 우울한 모습을 감추고 선생님에게 방향을 돌린다는 것도 하나의 특징이라고 할 수 있지요. 이런 아이들은 선생님에게 이른바 '우울의 낚시' 또는 '우울의 덫'을 놓아서 선생님과 갈등 구도를 형성하려 합니다. 우울한 학생이 교실에서 보일 수 있는 행동 한 가지를 예시로 들어 보겠습니다.

수업 시간에 계속해서 낯선 행동을 일삼는 학생을 교과 선생님이 여러 차례 지도하고 그래도 나아지지 않자 학생에게 "너 앞으로 좀 나와."라고 말합니다. 그런데 학생은 도리어 선생님을 빤히 쳐다보며 "선생님이 여기로 와요."라고 대꾸하는 다소 당황스러운 상황이 벌어지고, 학생의 이 한마디로 선생님과 학생 사이에는 순식간에 대립 구도가 생겨나고 맙니다. 나머지 아이들은 이 재미있는 상황이 어떻게 끝날지 호기심 가득한 표정으로 쳐다봅니다. 이때 어떻게 이 아이의 우울함을 다뤄야 할까요?

한 가지 방법으로 그런 말을 한 학생을 꾸중할 수도 있습니다. 하지만 좋은 방법이 아니에요. 교사와 학생 사이에 갈등을 키울 수 있어 매우 위험합니다. 교실은 학생들의 공간입니다. 학생들은 친구들 앞에서 창피를 당하는 것, 다시 말해 선생님한테 꾸중을 듣고 자존심 상하는 것을 아주아주 싫어합니다. 그렇기에 꾸중을 했다간 오히려 더 대들고 극단적으로 행동하게 만들 수 있지요.

그렇다면 어떻게 행동해야 할까요? 무엇보다 학생이 던지는 우울의 낚시에 낚이면 안 됩니다. 학생의 낯선 행동을 일부러 모르는 체하는 의도적 무시와 약간의 재치가 필요합니다. 위의 예시를 다시 살펴볼게요. 학생이 드리운 우울의 낚시에 걸리지 않기 위해 "여기로 와요."라고 하는 학생에게 "내가 갈 테니 잠깐 기다려."라고 이야기를 할 수 있습니다. 또는 '그래도 내가 어른인데 나만 가면 좀 보기 안 좋다.' 하는 생각에 든다면 재치 있게 "우리 중간에서 만나자."라고 학생에게 말하면서 다소 위협적인 이 상황을 피할 수 있겠지요.

서울특별시 정신보건전문의협회에 따르면, 청소년 우울증은 현재 한 학급당 10퍼센트 정도일 것으로 이야기되고 있습니다.

② 게임 중독

우리나라는 세계에서 인터넷 게임이 가장 많이 발달한 나라로, 프로게이머라는 직업까지 있을 정도지요. 학생들 중 많은 수가 게임 잘하는 사람을 멋있다고 인정하고 선망의 눈으로 바라보기도 합니다. 그런데 급격하게 퍼진 게임의 폐해도 분명히 있어서 많은 학생들이 게임 중독에 걸려 있는 상황입니다. 이에 대비하고자 최근 WHO는 2022년부터 게임을 질병의 한 가지로 공식적으로 분류하여 관리하겠다고 발표했고, 여기에 게임업계가 반발하고 있는 상황이에요. 앞으로 어떻게 진행될지 지켜보긴 해야겠지만 심각한 문제인 것만큼은 확실합니다.

현재 서울특별시 정신보건전문의협회에서 말하는 스마트폰 과의존 위험군은 30퍼센트 정도라고 합니다. 게임 중독에 빠진 학생은 밤이 깊도록 게임을 하다가 아침에 겨우 일어나서 학교에 옵니다. 매우 피곤한 상태이기 때문에 학교에서는 잠을 자거나 딴짓을 하는 등 수업 시간에 집중하지 못합니다. 그리고 수행평가나 수업에도 의욕을 별로 보이지 않지요. 교사들은 그런 모습이 답답하기만 하고요.

그렇다면 게임에 중독된 학생들은 지능이 낮아서 수업 시간에 집중하지 못하는 걸까요? 요즘 나오는 게임들의 규칙과 게임 플레이 방법을 보면 너무나도 복잡한 데다 생각할 것도 많아 머리도 많이 써야 합니다. 그런 것들을 능숙하게 해내는 것을 보면 결코 학생들의 지능이 부족하다고 생각하기는 어렵지요. 게임을 하면 머리가 좋아진다는 논문도 있을 정도이고, 군대에서 게임으로 병사들의 전술 이해 능력을 키웠다는 이야기도 있습니다. 그러므로 중요한 것은 게임 중독 학생들의 관심, 즉 게임에 대한 열정을 어떻게 학교생활에 활용하고 수업 시간에 자존감을 찾아 줄 수 있는지 고민하는 것입니다.

③ ADHD

우울한 학생이 던지는 우울의 낚시는 피하면 되고, 수업 시간에 잠만 자는 게임 중독은 두 눈을 감고 모른 체할 수도 있겠지요. 하지만 ADHD는 너무나도 적극적으로 낯선 행동을 하기 때문에 피하려야 피할 수가 없습니다. ADHD 학생들을 '유도미사일'에 비유할 수 있는데, 교사들이 아무리 도망을 다녀도 ADHD 학생의 낯선 행동을 직면하게 되기 때문입니다.

우리나라 학생들 중 약 10퍼센트가 ADHD, 즉 주의력 결핍 과잉행동 장애를 보인다고 해요. 실제로 학교 폭력의 가해 학생들 중 많은 수가 ADHD, 트라우마, 휴대전화 중독, 우울증 등을 겪고 있습니다. 학교 폭력의 근본적인 해결을 위해 정서적으로 어려움을 겪고 있는 아이들을 돌보고 치유하는 일부터 시작해야 하는 이유이지요.

하지만 ADHD 학생들도 주변 사람들이 자기를 잘 이해해 주지 않고, 꾸지람을 자주 하고, 문제 학생인 것처럼 취급하기 때문에 상당히 어려운 상황에 처해 있는 것이 현실입니다. ADHD 학생들의 전반적인 행동 특성을 이해한다면 이 학생들을 돌보는 데 도움이 될 것입니다. 지금부터 ADHD 학생들의 큰 특징 네 가지를 살펴보겠습니다.

1. 물건을 잘 잃어버린다

ADHD가 있는 학생들은 물건을 곧잘 잃어버리곤 합니다. 제가 담임을 맡았던 A군은 휴대전화를 계속해서 여러 대 잃어버렸습니다. 어머니가 더 이상 휴대전화를 사 주지 않자 친구의 휴대전화를 빌려 썼는데 그것마저 자꾸 잃어버려서 곤란한 일을 겪곤 했습니다.

그 뒤로 방과 후에 아이가 빠뜨린 물건이 있는지 책상에 두고 간 체육복 바지나 교복 바지 주머니를 확인하는 일이 담임인 저의 일과가 되었지요. 가끔 주머니에서 휴대전화가 나오기도 해서 다음 날 아이에게 전달해 주곤 했습니다. 자기도 안 그러려고 주의하는데 자꾸만 잊어버려서 답답하다고 말하는 A군. A군은 또 물건 정리도 몹시 어려워했습니다. 책상 주변에 늘 책과 공책, 옷 등이 어지럽게 널려 있어서 정리하라고 종종 시키곤 했지요.

2. 잘 못 듣는다

다음 상황을 생각해 봅시다. 7교시 수업까지 끝나고 아이들도, 선생님도 지쳐 있는 상태에서 내일 있을 야외 활동 전달 사항을 아이들에게 알려 주어야 합니다. 이미 지칠 대로 지쳐서 산만해진 아이들은 떠들어 대며 선생님의 이야기에 귀를 기울이지 않습니다. 겨우겨우 조용히 시킨 다음 전달 사항을 다 얘기하고 이제 끝났다고 생각하는 그 순간, 한 학생이 손을 들고 질문합니다. "선생님, 우리 내일 어디 가요?"

장난치나 싶어서 학생의 얼굴을 보면 정말 못 들었다는 진지한 표정으로 교사를 쳐다봅니다. 번거롭지만 참고 다시 한번 전달합니다. 그런데 이런 일이 자주 생긴다면 어떨까요?

실제로 ADHD가 있는 아이들의 경우, 소리가 뇌까지 전달되지 않고 도중에 차단이 된다는 연구 결과도 있습니다. 전달 사항을 알려 주자마자 항상 "내일 뭐 해요? 내일 어디 가요?"라고 묻는 아이를 교사가 언제까지나 아끼고 배려할 수 있을까요? 아이는 정말 듣지 못해서 물어보는데 마치 아이가 일부러 교사를 귀찮게 하고 화나게 하려고 그렇게 행동하는 것처럼 느낄 수 있습니다. 이는 학생과 교사 사이에 굉장히 큰 오해를 낳을 수도 있는 문제이니 특히 주의를 기울여야 합니다.

3. 생각한 대로 바로 행동한다

ADHD가 있는 학생들은 생각한 대로 바로 행동으로 옮겨서 오해를 사곤 해요. 또 다른 학생인 B군이 점심시간에 사라진 일이 있었습니다. 점심시간에 급식 지도를 하러 교실에 갔는데 아무리 기다려도 B군이 보이지 않아서 아이들에게 물었더니 조퇴를 했다고 이야기합니다.

그런데 저는 조퇴를 시킨 적이 없거든요. 어떻게 된 일인지 알아보며 기다리고 있는데 얼마 지나지 않아 B군이 웃으면서 교실로 들어옵니다. ADHD가 있는 아이들의 또 다른 큰 문제는 B군처럼 자기가 지금 처해 있는 상황을 제대로 파악하지 못한다는 거예요. 조퇴를 시킨 적이 없는데 다른 학생들은 B군이 조퇴했다고 말하니 굉장히 당황스럽고 기분이 언짢은 상태인데, 상황 판단이 전혀 안 되는 B군은 웃으면서 저에게 왔습니다. B군에게 물었습니다. "어디 갔다 왔니?" 그랬더니 체육 시간에 운동하다가 체육복 바지가 찢어졌고, 갈아입고 와야겠다는 생각이 들어서 집에 가서 갈아입고 왔다는 것입니다.

B군의 대답을 듣고 나서 그런 상황에서는 담임선생님에게 사정을 이야기하고 외출증을 써 달라고 해야지 마음대로 행동하면 어떡하느냐고 설명했습니다. 가만히 듣고 있던 B군은 잠깐 생각을 하는가 싶더니 곧 "아!" 하고 짧은소리를 내뱉습니다. 선생님의 말을 듣고 곰곰 생각해 본 뒤에야 외출을 하려면 담임선생님에게 외출증을 받아야 한다는 것이 떠오른 거죠.

이런 식으로 ADHD 학생들은 어떠한 상황에서 어떻게 해야겠다는 생각이 들면 고민하지 않고 바로 행동으로 옮기기 때문에 반 급우들에게 오해를 많이 사고 선생님에게 미움을 받기도 합니다. ADHD 아이들이 어떤 생각을 하며 어떻게 성장하는지를 다룬 책 『리틀 몬스터』에서 저자는 본인의 의도와 상관없이 언제나 문제의 소용돌이 한가운데에 있는 자신을 발견했다고 이야기합니다. ADHD 아이들의 삶에는 이런 어려움이 너무 많습니다. 그만큼 아이들도 많이 힘들고 속상할 거예요.

4. 무시무시한 집중력을 발휘한다

그렇다면 물건도 잘 잃어버리고 잘 듣지도 못하고 생각나는 대로 행동하는 ADHD 아이들은 쓸모없는 사람일까요? 절대로 그렇지 않습니다. ADHD 아이들은 누구나 꽂혀 있는 대상이 한 가지씩은 꼭 있습니다. 그 대상이 열대어일 수도, 건담일 수도, 레고일 수도, 그리고 권투나 헬스일 수도 있어요. 자신이 꽂혀 있는 일을 할 때만큼은 타의 추종을 불허하는 엄청난 집중력과 결과를 보입니다. 이 아이들은 집중력이 없어서가 아니라 집중력을 조절할 수 없어서 문제입니다.

앞의 사례에서 나왔던 A군은 열대어를 굉장히 좋아해요. 얼마만큼 좋아하냐면 자기 방에 열대어 어항 여러 개를 두고 관리하는데, 우리가 흔히 생각하는 작은 열대어가 아니라 길이가 50~60센티미터나 되는 '아로와나'라는 열대어를 키웁니다. 얼마나 열대어를 사랑하는지 열대어가 아파서 먹이를 안 먹으면 열대어가 나을 때까지 어항 옆에 누워서 식음을 전폐하며 고통을 함께 나눈다더군요.

또 다른 ADHD 학생을 담임한 적이 있는데, 이 학생은 권투를 굉장히 좋아했어요. 한번 스파링을 시작하면 20분씩 쉬지 않고 뛰는 데다 하루에 서너 시간씩 연습을 한다고 합니다. 당시 서울시 권투 대회에 나가서 자기가 속한 체급에서 1등을 하고, 그것으로 부족했는지 체급을 올려 자기보다 나이 많은 형들과도 대등하게 경기를 하는 모습을 볼 수 있었습니다. 10분도 제대로 하기가 힘든 스파링을 하루에 서너 시간씩 해내는 엄청난 체력과 집중력과 정신력이 이 학생의 실력을 키워 준 것이라고 생각합니다.

앞에서도 살펴보았듯이, ADHD 아이들은 워낙 활동적이고 사교적이라 처음에는 반에서 친구들도 잘 사귀고 굉장히 활발하게 지냅니다. 그래서 반 친구들에게 인기가 좋지만, 시도 때도 없이 움직이고 수업의 흐름을 끊고 딴소리를 해서 아이들에게 따돌림을 당하기도 합니다. 그런 경우 따돌림을 피해서 자기를 있는 모습 그대로 받아 주는 게임에 빠져 게임 중독이 동반된 또 다른 정신 질환인 청소년 우울증에 걸리게 됩니다.

학교에서 ADHD 아이들의 행동을 잘 이해하지 못해 아이를 어떻게 대해야 할지 고민하는 선생님들이 많습니다. ADHD라는 질환을 잘 파악하고 학급에서 어느 아이가 ADHD를 겪고 있는지 알아야 합니다.

자, 이제 ADHD를 겪고 있는 사람이면 누구나 이해했으면 하는, 마지막 중요한 결론이 있다. 다시 강조하거니와 ADHD는 그 자체로서 나쁜 것이 아니다. 그렇다. 이 장애에는 불리한 면이 있다. 우리는 자존감이 낮아지기 쉽고, 약물을 남용하기 쉽고, 자살할 위험이 있기는 하다. 하지만 총체적으로 보자면, 개인적으로 나는 이것을 하나의 재능이라고 믿는다. 이것은 엄청난 에너지와 창의성의 원천이다.

_『리틀 몬스터』중에서

위기 학생 멘토링 상설 동아리 운영

한 학급에 ADHD 학생이 1~2명, 우울증 학생이 5~6명, 인터넷 중독 학생이 상당수 있다면 학급 규칙을 잘 지키기를 기대하기는 어렵겠지요. 이런 학생들에게 규칙만 강조하며 훈육하려 하면 훈육도 잘 이루어지지 않을뿐더러 행위의 원인에 대한 근본적인 돌봄 치유는 어렵습니다. 이때 도움이 되는 것이 멘토링 상설 동아리입니다. 멘토링 상설 동아리는 날이 갈수록 낯선 행동이 심화되는 고도 위험군 학생들을 돌보고 치유하는 데 목적이 있습니다.

학기 초부터 담임교사가 지속적으로 관찰하거나 학부모 총회나 정서·행동 검사 결과에서 고위험군으로 나타난 학생 등을 멘티로 선정합니다. 3월 학부모 총회 때 학부모들이 돌아가며 학부모의 고충 나누기(서클 활동)를 하는 가운데 어려움을 겪고 있는 학생들을 파악하거나, 상담 교사를 통해 정서·행동 검사 고위험군 학생들을 파악해 멘티로 정할 수 있습니다.

아래 표는 한 중학교에서 실제로 운영했던 사례입니다. 대상은 고도 부적응 학생 세 명이었고, 주요 활동 내용은 아래의 표와 같습니다. 예산은 교육 복지 예산을 활용했습니다.

횟수	월	요일	활동 주제	비고
1	3	평일	상견례 사제 동행 산행	4시간 운영
2	4	주말	팔당 자전거 길 하이킹	8시간 운영
3	5	평일	e스포츠 대회	4시간 운영
4	6	평일	탁구 체험	4시간 운영
5	7	평일	수영	4시간 운영

전문가에게 맡기자

청소년 정신 질환의 마지막 개입은 외부 전문가에게 위탁하는 것입니다. 이러한 개입은 교사와 학생 사이의 직접적인 상호 작용도 기대할 수 없는 데다 교사가 교실에서 실행할 수도 없기 때문에 가장 마지막에 논의하게 되지요. 만약 이 지점에 도달했다면, 교사는 스스로 실패했다고 인식하기 쉽습니다.

　하지만 이성적으로 따져 보면 실패가 아니에요. 무엇보다도 교사는 해당 학생이 교실에서 방해 행동을 계속하려는 선택을 통제할 수 없습니다. 해당 학생이 계속해서 방해 행동을 하는 원인은 교사 자신이나 교사의 행동과는 아무런 관련이 없습니다. 교사는 그동안 전문가적 실천을 통해 학생의 행동을 통제해 왔습니다. 그러니 이 시점에서는 자신의 환자를 더 적합한 다른 전문가에게 위탁하는 유능한 의사처럼 방해 행동을 하는 학생을 외부 전문가에게 맡기는 것이 현명합니다. 언제 누구에게 위탁해야 할지 알고 실행하는 것도 유능한 교육자의 역할이라는 점을 기억하세요.

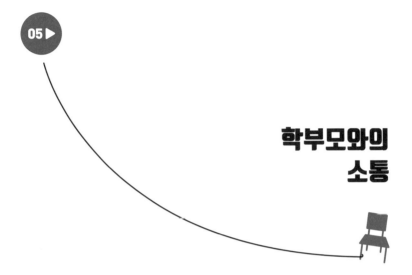

05

학부모와의
소통

담임: 힘들어서 담임 정말 못 해 먹겠네요. 오늘 아이한테 머리 좀 자르고 오라고 했더니 눈을 똥그랗게 뜨고 덤비잖아요!

학무모: 아니, 선생님은 눈을 동그랗게 뜨지 네모나게 뜨세요?

담임: 뭐라고요? 아이 잘되라고 드린 말씀인데 그렇게 말씀하시면 제가 어떻게 애를 지도하겠어요?

학무모: 아, 그러니까 월급 많이 받으시잖아요! 제발 이런 일로 전화 좀 하지 마세요. 도대체 학교가 우리 애한테 해 준 게 뭐 있다고. 바빠서 이만 끊어요. (찰칵, 뚜우뚜우······.)

이와 비슷한 경험이 있나요? 두 사람의 대화는 어디에서부터 꼬인 걸까요?

그럼 이런 학부모 괴담은 들어 본 적 있나요?

- 시험 보는 날 아침, 한 아이가 지각해서 시험을 못 보았다. 그런데 담임이 부모에게 연락을 안 해 줘서 그렇게 된 것이니 학교 책임이라고 우긴다면?
- 시험 끝나고 집에 돌아간 아이가 시간이 부족해서 답안지에 마킹을 다 못 했다고 부모에게 말했다. 그 말은 들은 부모가 학교에 전화해 시험지에 표시한 답이 있으니 지금이라도 답안지에 마킹을 하게 해 달라면?
- 조그만 커닝 종이가 적발되어 선도위원회를 열었다. 해당 학생의 부모에게 커닝 종이를 보여 주자 찢어 버리려 했다면?
- 선도위원회 결과 사회봉사 처분이 결정되었다. "우리 애는 내가 알아서 할 테니 학교는 학교 일에나 신경 쓰세요."라고 한다면?
- 담임 반 학생을 교사 지시 불이행으로 선도 처분을 하려 했다. 그러자 교내에서 흡연한 담임교사도 징계하라고 학교에 요구한다면?

믿기 어렵지만 모두 실제로 있었던 일들입니다. 이 학부모들의 공통점은 무엇일까요?

교사에게 영향을 끼치는 존재는 여럿이지만, 그중에서도 특히 학부모와의 관계를 반드시 깊이 생각해 보아야 합니다. 학부모는 교사에게 많은 영향력을 행사할 수 있는 존재인데, 학부모의 존재를 되도록 잊으려는 교사들도 있습니다. 그러다가 학급에 문제가 생기면 그제야 연락해서 학부모가 너그럽게 이해해 주고 사안이 잘 처리되길 바랍니다. 하지만 평소에 학부모와 관계를 돈독히 다져 놓지 않으면 그 관계에는 불확실성이 존재해서 사안에 따라 학급담임을 위태롭게 만들 수 있어요. 따라서 평소에 학부모와 관계를 잘 쌓아 나가는 것이 장기적으로 학급담임을 하는 데 굉장히 큰 도움이 됩니다.

학부모와 담임 사이에 소통이 적을 때

학부모와 담임 사이에 소통이 적으면 학부모는 아이가 학교에서 어떻게 생활하는지 알기 어렵습니다. 학교에서의 모습과 가정에서의 모습이 전혀 다른 아이들도 있습니다. 게다가 아이들은 자기가 연관된 일은 상황을 자기에게 유리하게 바꿔서 말하기도 하죠. 자기 잘못은 축소하거나 없애고, 다른 친구가 잘못한 점을 부각하거나 학급담임이 자기를 미워해서 불합리한 조치를 했다고 전달하기도 합니다. 평소 담임과 소통이 없으면 학부모는 아이가 하는 말 말고는 정보를 얻을 창구가 없겠지요. 그러니 아이 말만 곧이곧대로 믿을 수밖에 없습니다. 게다가 말수가 적은 아이라면 아이의 친구나 그 부모에게 전해 듣는 말로 아이의 학교생활을 짐작하기도 합니다. 그런데 이렇게 여러 사람의 입을 거쳐 전해 듣는 정보는 사실과 다르게 전해질 소지가 많아요.

평소에는 학부모와 담임교사가 소통하지 않아도 큰 문제 없이 지낼 수 있습니다. 그러나 학급에서 아이가 낯선 행동을 해서 이를 해결해야 하는 순간에는 학부모와 담임교사 사이의 소통이 큰 문제가 될 수 있죠. 평소 소통이 없었다면 담임에 대한 신뢰를 쌓을 기회도 없었을 거예요. 서로 간에 신뢰가 바탕이 되지 않은 관계에서 더구나 자녀에 대한 부정적인 이야기를 듣는다면 자칫 자기 자녀를 미워하거나, 아니면 부모인 자신을 비난한다고 생각할 수 있습니다. 이런 상황을 맞닥뜨리면 부모는 먼저 방어적인 자세를 취하게 되고, 이어서 자식에 대한 섭섭함, 답답함, 분노, 절망, 자신에 대한 분노, 처량함, 우울감, 자책 등의 온갖 감정에 휩싸이고 맙니다.

이 부정적인 감정 덩어리를 어디다 풀까요? 자식일까요? 아닙니다. 교사에게 스트레스를 푸는 부모들이 생각보다 많습니다. 아이의 낯선 행동을 해결하려고 부모에게 연락했다가 부모가 퍼붓는 감정 덩어리를 먼저 해결하느라 진땀을 빼는 경우가 적지 않습니다. 아이, 교사, 학부모 사이에 소통의 부재로 결정적인 순간에 큰 어려움을 겪는 선생님들이 너무 많습니다.

학부모와 담임 사이에 소통이 있을 때

학부모와 평소에 적극적으로 소통한다면 앞에서 언급한 여러 가지 상황이 달라집니다.

① 신뢰 관계 형성

학부모는 담임이 제공하는 정보를 통해 학급이 어떻게 돌아가는지 정확하게 파악해 객관적인 눈으로 학급 상황을 판단할 수 있습니다. 또 담임이 제공할 수 있는 아이의 학교생활 모습을 접하면서 담임이 아이에게 소중한 사람이라고 인식하게 됩니다. 부모는 아이들이 학교에서 어떻게 생활하는지 보지 못합니다. 연례행사로 학부모 공개 수업을 할 때 학부모들이 학교에 방문하는데, 그때 와서 보는 아이들의 모습은 아이들을 매일 보는 교사도 처음 보는, 놀랍도록 정돈된 모습일 수 있습니다. 바쁜 시간 쪼개서 학교에 오셨을 텐데 평소와 같은 아이들의 자연스러운 모습을 볼 수 없다는 점이 안타까울 정도지요. 그런데 그토록 궁금했던 우리 아이의 학교생활 모습을 담임교사를 통해 마치 옆에서 보는 것처럼 생생하게 볼 수 있다면 어떨까요? 부모에게 그것만큼 큰 선물도 없을 거예요. 평소 아이들이 생활하는 모습을 사진으로 담아 부모에게 전하며 소통하면 부모는 그렇게 신경을 써 주는 담임에게 신뢰가 절로 쌓이게 됩니다.

② 담임의 전문성으로 학부모 돕기

교사는 해가 바뀌어도 특정 나이대의 학생들을 거듭 만나는 까닭에 담당하는 나이대의 학생들에 대해 상당한 정보를 알고, 경험을 통해 전문성을 쌓습니다. 요즘 학부모들은 대부분 자녀를 한두 명만 키우기 때문에 특정 시기의 아이에 대해 교사만큼 잘 이해하지 못하는 경우가 많습니다. 그래서 아이가 예전과 달리 낯선 모습을 보이기 시작하면 당황하지요. 이럴 때 학급담임은 전문성을 바탕으로 학부모에게도 코칭하고 조언해 줄 수 있습니다. 내 아이가 도저히 이해도 안 되고, 어찌해야 할지 모르는 상황에서 학급담임이 그때그때 필요한 조언과 도움을 제공한다면 학부모의 입장에서 얼마나 고마울까요? 우리 아이에게 관심이 많고, 우리 아이의 긍정적인 변화를 잘 관찰하고, 우리 아이를 적극적으로 칭찬하는 담임에게 학부모는 신뢰를 느끼기 마련입니다.

③ 수월한 문제 해결

학부모와 학급담임이 적극적으로 소통한다는 것을 알면 학생들은 행동을 조심합니다. 학부모와 담임 사이에 소통 채널이 존재한다는 사실을 인식하고, 섣불리 거짓말하거나 상황을 왜곡하려 하지 않고, 학교생활에서도 조심하는 부분이 생기지요. 그리고 자신이 잘한 일을 칭찬해 주고 인정해 주는 부모님과 담임선생님에게 고마움을 느낍니다.

그런데 아무리 학급을 잘 챙겨도 문제는 발생할 수 있습니다. 평소에 학부모와 신뢰 관계를 쌓아 놨다면 낯선 행동이 발생했을 때 부모에게 사안을 있는 그대로 알려 드리고, 해결 방법을 같이 고민할 수 있습니다. 부모는 '우리 아이를 위해 이렇게 신경을 쓰고 챙겨 주시는데, 설마 담임선생님이 우리 아이가 미워서 이런 말을 하겠어?'라고 생각하면서 담임의 말에 신뢰를 가지고 감정 덩어리 대신 "죄송합니다."라는 말로 사안을 인정하고 곧이어 문제 해결 방법을 같이 모색하게 되지요.

SNS로 학부모와 소통하기

단체 SNS방을 운영해 학부모들에게 학교에 대한 정보를 다각도로 제공해 궁금한 점이 생기지 않도록 신경 써야 합니다. 투명한 정보 공유야말로 서로의 의사소통을 돕는 기초 중의 기초이기 때문입니다. 이처럼 사이버 공간을 운영하며 학교 소식과 아이들의 일정을 알리는 과정을 통해 학교에 대한 궁금증을 해소해 주고, 학급경영의 다양한 모습을 알려 담임의 학급경영 철학에 대한 이해도를 높일 수 있습니다. 또한 학급에 대한 고민도 학부모와 함께 나눌 수 있습니다.

학부모에게서 학생의 정보를 알아내자

　청소년 정신과 의사가 아니고서야 학생들의 정신적 문제를 교사가 직접 진단하고 다루기는 어렵습니다. ADHD, 우울증, 게임 중독 같은 것은 오랜 시간에 걸쳐 나타나기 때문에 많은 경우 이미 학부모는 아이의 상태를 잘 알고 있습니다. 그런데 새 학기에 처음 아이와 만날 때 담임이 아이에게 선입견을 가질까 걱정되는 마음에 이 같은 중요한 정보를 잘 알리지 않습니다. 그러면 담임은 아무 정보도 없는 상태에서 직접 아이와 생활하면서 어렵게 문제를 발견하고 학부모님에게 조심스럽게 이야기를 꺼내게 됩니다. 그제야 학부모는 아이의 상태를 설명해 주곤 하는데, 만약 이러한 내용을 미리 알렸다면 담임이 아이와 직접 부딪쳐 가며 상황을 파악하는 시간을 줄일 수 있어 서로에게 도움이 됩니다. 아이가 어떤 상태인지 알면 아이에게 필요한 도움이 무엇인지 알고 바로 아이를 배려할 수 있습니다. 아이는 담임이 자기에 대해 알고 있으니 안정감을 느끼고 배려를 받게 되어 윈윈 상황을 형성할 수 있습니다.

　그럼 학부모들이 아이의 소중한 정보를 담임에게 미리 알려 줄 수 있는 분위기를 만들려면 어떻게 해야 할까요? 학부모와 담임이 처음으로 인사를 나누는 학부모 총회가 절호의 기회입니다. 담임이 준비한 자료에 청소년 정신 질환을 잘 인지하고 있음을 알리는 내용을 담으면 그걸 본 학부모는 담임을 믿고 아이에 대한 정보를 좀 더 적극적으로 알리려는 마음의 준비를 하게 되지요. 담임은 아이에 대해 알려 주는 만큼 배려할 수 있음을 솔직하게 학부모님께 말씀드려야 합니다. 부모와 교사가 파트너로서 좋은 팀을 형성할 때 아이의 어려움을 조금 더 효과적으로 돌볼 수 있어요. 학생들과 관계를 형성하는 것만큼 중요한 것이 학부모님들과 신뢰 관계를 형성하는 것입니다. 교사와 학부모, 즉 어른들의 '연대'와 파트너십이 청소년에게 커다란 울타리가 되어 줍니다.

학생의 낯선 행동 다루기

학급의 전체적인 소식은 학부모 SNS를 통해 전달하지만, 학생 개개인의 일은 칭찬이든 어려운 일이든 학부모와 일대일로 소통하는 것이 좋습니다. 특히 학생이 낯선 행동을 했을 때 학부모와 소통하는 일에는 더욱 신중해야 합니다.

아이에 관해 부모에게 알려야 할 일이 생겼을 때에는 보통 교사가 전달을 합니다. 이렇게 부모에게 연락하는 경우라면 아이의 낯선 행동이 지속해서 발생했을 가능성이 큽니다. 이때 그동안 아이에게 쌓였던 감정을 담아서 부모에게 아이의 낯선 행동을 알려 주는 경우, 학생의 낯선 행동이 해결되기보다는 오히려 부모와의 갈등까지 더해질 위험성이 있습니다.

부모는 아이의 이야기를 듣고 아이 입장에서 생각하기 때문에 학교에서 교사가 본 아이의 모습을 쉽게 인정하지 않을 수 있습니다. 평소 아이에게 담임교사에 대해 안 좋은 이야기를 들었을 경우, 오히려 교사에 대한 불만과 원망이 폭발해서 소모적인 감정싸움으로 치달을 수도 있습니다.

이때 아이의 행동에 대해 팩트만 전달하는 것이 부모와 의사소통하는 데 있어 매우 중요합니다. 교사 자신의 의견이나 감정이 드러날 수 있는 표현은 배제하고, 있었던 일에 대해서만 담담하게 적어서 보내는 거죠. 그 내용에 아이가 어떤 말과 행동을 했는지 가감 없이 전달해서 부모가 스스로 판단하게 하는 것이 중요합니다. 그 내용을 보고 부모가 아이의 행동을 이해하고 문제점을 인식한다면 담임교사와 함께 아이를 돌보는 것이 한결 수월해질 수 있습니다. 모두 아이를 돕자고 시작한 일인데, 어른들이 감정싸움에 휘말려서 본래의 목적은 달성하지 못한 채 서로 상처만 주고받고 끝나서야 안 되겠죠.

다음은 장난을 치다가 다른 학생의 얼굴을 발로 차서 다치게 한 학생의 부모님에게 보내 드린 문자입니다.

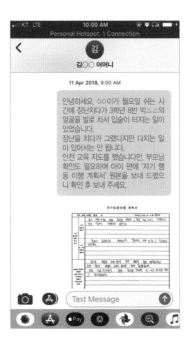

　자녀의 평생을 함께한 부모는 아이를 누구보다 잘 안다고 생각할 수 있습니다. 그런데 아이가 자라면서 어느 날부터인가 부모 마음처럼 행동하지 않고, 예상치 못한 모습으로 변해 갈 수 있지요. 그럼 '내가 과연 아이를 잘 알고 있는 걸까?'라는 생각이 들 수 있습니다. 그동안 아이를 대해 왔던 방식이 도무지 받아들여지지 않고, 자꾸 이리 튀고 저리 튀는 아이를 보면서 부모는 답답하고 초조하고 걱정스러운 마음이 들 거예요. 그리고 아이를 지도하는 과정에서 아이와 갈등이 생겨서 마음의 상처를 입는 부모도 많이 있습니다. 이때 누군가에게 물어보고 조언을 듣고 싶은데, 시간적 여건이 되지 않거나 물어볼 곳이 없을 수도 있습니다.

아이의 인생 전체를 놓고 보면 부모가 훨씬 많은 것을 보고 이해하고 있지만, 아이가 보내고 있는 지금 이 시기에는 전문성을 가진 담임교사가 부모를 도와야 합니다. 담임교사는 직업적으로 항상 대하는 아이들의 나이가 어느 정도 정해져 있으니 그 나이 또래 학생들에 대해 연구하고, 공부하고, 경험을 쌓아 전문성을 갖춰야 합니다. 이러한 전문적 지식을 바탕으로 부모가 느끼는 어려움에 공감하고 시의적절하게 조언한다면 부모들은 자녀와 겪는 갈등이나 자녀 지도의 어려움을 해소하기가 한결 수월해지며, 결과적으로 교사와 부모 사이의 관계가 원만해질 가능성이 매우 커집니다.

위기 상담

① 부모 자녀 간 진로 갈등 상담

진로에 대해 부모님이 공감해 주지 않아 화가 나 있는 아이들이 종종 있습니다. 부모님이 자신의 진로를 일방적으로 결정해서 화가 난 경우, 아이는 앙갚음^{Revenge}을 목적으로 낯선 행동을 하게 됩니다. 모 중학교에서 학교 폭력 가해 학생 아홉 명을 특별 교육하는 동안 이런 경우가 있는지 물었더니 세 명이 그렇다고 답했습니다. 이는 3분의 1에 해당하는 수치로, 아이들이 아주 쉽게 앙갚음 방법을 택한다는 것을 알 수 있습니다. 바로 부모가 좋아하지 않는 행동을 하는 방식으로 말이죠. 늦게 일어나서 속 썩이고, 지각하고, 학교에 가서는 땡땡이치고 담배 피우고 등등. 이보다 더 심하면 의식적으로 사고를 냅니다. 특별 교육을 받던 그 학생들에게 "부모님께서 여러분 뜻을 막을 때 어떻게 하나요?"라고 물으니 "사고 치죠."라고 아주 쉽게 대답했습니다. 미용사가 되고 싶다는 고등학교 남자아이의 꿈을 부모가 막자, 학교에서 폭력을 행사해 퇴학을 당해 버리는 극단적인 선택을 한 경우도 상담했습니다.

정신보건 전문의 김현수 원장은 학부모 연수에서 부모 자녀 사이에 진로 갈등이 있다면 아이들이 원하는 대로 일단 믿고 지지하는 것이 좋다고 조언합니다. 요즘 아이들은 직업이 여러 차례 바뀔 것이기 때문에도 그렇고, 부모가 아이의 선택을 지원하면 아이가 자존감이 높아져 자신이 원하는 분야를 포기하게 되더라도 새로운 선택을 쉽게 할 수 있기 때문이라고 합니다.

상담을 할 때는 말로 설득하기보다 구체적인 자료를 보여 드리는 것이 가장 좋습니다. 진로 적성검사 등 객관적인 결과를 모아 적절한 기회에 부모님에게 정보를 전달해 안심시켜 드리고, 아이에게는 계속 인정과 지지를 해 주어 마음 기댈 곳이 되어 주셨으면 합니다.

② 흥분한 학부모 상담법

일시: 고사 기간 중 어느 날 방과 후
장소: 학부모의 항의 전화

아이가 시험 종료 시간이 지났는데 시험지 객관식 마킹을 못 했나 봅니다. 감독 교사는 원칙대로 마킹 기회를 주지 않고 시험지를 거두었고요. 집에 돌아가서 아이는 울고불고하며 다음 날 치를 시험공부조차 할 기미를 보이지 않습니다. 당황한 어머님이 담임에게 전화를 걸어 아이의 현재 상황을 설명합니다. 아이에게 전후 사정을 들은 다음 "아이나 어머님께서 답답하고 화가 나는 상황이야 충분히 이해합니다. 하지만 아이가 시험지를 집에까지 가지고 간 현재는 시험 문제지에 체크된 답의 공정성이나 객관성이 훼손된 상황이라 재고가 불가능하지 않겠느냐."라고 설득 후 전화를 끊습니다. 하지만 한 시간가량 지나 퇴근해서 상황을 전해 들으신 아버님이 담임에게 전화를 하십니다.

"시험 시간이 종료되었어도 아이가 시험지에 체크해 놓은 답을 옮길 시간은 주어야 하는 것 아니냐?"라며 재고를 요청하십니다. 아버님의 화에 공감을 표하며 수첩을 꺼내 들고 말씀의 요지를 하나하나 적어 가며 되묻기도 하면서 대화를 해 나갑니다. 하지만 아까 어머님이나 아이와 대화한 것처럼 "시험지가 감독 교사의 범위 밖에 이미 상당 시간 머무른 상황이라 곤란하지 않겠느냐, 라는 게 담임의 판단"이라고 말씀을 드립니다. 하지만 아버님은 화를 삭이지 못하고 교감, 교장선생님을 찾아가 '선처'를 호소하겠다고 합니다. "학교 사회가 교장, 교감선생님 한 사람에 의해 움직이는 것이 아니라 규정에 따라 움직이는 조직이라 아버님의 마음에는 공감하지만 '선처'는 어렵다는 게 담임의 판단"이라고 말씀드렸지만 끝내 수긍을 안 하십니다. 이럴 때는 일단 아버님의 흥분이 좀 가라앉기를 기다리는 수밖에 없습니다. "그렇다면 제가 먼저 교무부장님과 상의를 해 보고 조금 뒤에 전화를 드리겠다."라며 전화를 끊습니다. 그리고 수행평가 입력하던 일을 계속합니다.

이럴 때 굳이 서두를 필요가 없습니다. 필요한 것은 학부모가 객관적 판단을 할 수 있도록 흥분을 가라앉힐 시간뿐이기 때문입니다. 이를 행동 유보하기 Defer Action라고 하지요. 10여 분 뒤 교무실에 가 보니 '마침' 교무부장님이 안 계십니다. 초조해하던 아버님이 다시 전화를 했습니다. 담임은 "교무부장님 께서 점심식사 중이시네요. 오시면 바로 전화드리겠습니다."라고 말하고 전화를 끊습니다. 얼마 안 되어 또 전화가 옵니다. "아버님, 죄송합니다만, 부장 님이 현재 회의 중이셔서 돌아오시는 대로 전화주십사 책상 위에 메모 남겨 놓고 저도 기다리는 중입니다."라고 말씀드립니다. 회의 중이라는 말에 사업 하시는 아버님이 마냥 기다릴 수는 없는지 "이제 다시 직장에 가야 하니 대신 아이 엄마와 아이를 학교에 보내겠다."라고 하십니다. 그런데 담임은 오후에 학급운영 강의를 하러 타 학교에 가야 합니다. "아, 이런. 제가 오늘 오후 2시까지 출장을 가야 해서 어머님을 못 뵙겠네요. 죄송합니다." 하며 전화를 마칩니다.

강의를 마치고 휴대전화를 보니 어머니 전화번호가 찍혀 있고 "심려를 끼쳐 드려 죄송하다."라는 문자메시지도 남겨져 있습니다. "아까 교사 대상 강의 중이어서 전화를 못 받았습니다. 어머님도 마음고생이 많으시겠습니다."라고 문자를 보내자 잠시 뒤 어머님이 전화를 해서 아버님이 직장으로 가신 뒤 아이와 상의해서 학교에는 오지 않기로 하셨다고 합니다.

이처럼 대부분의 교사는 학부모의 항의성 전화를 받을 수 있습니다. 스트레스 1점부터 5점까지로 하면 대부분 5점이라고 체크하는 고위험군에 속하는 문제입니다. 위의 대화에서 담임교사가 학부모에게 거짓말을 했지요? 인지증(치매) 환자를 간병할 때 쓰는 세러퓨틱 휘빙 Therapeutic Fibbing이라는 용어가 있습니다. '치유적 거짓말' 정도로 이해할 수 있는데요, 인지증 환자가 하지 않은 말을 했다고 하거나 없던 일을 있었다고 할 때 사실이 아니라고 아무리 말해 보아야 별 소용이 없는 경우 적당히 둘러대라는 의미입니다. "꿈 꾸셨나 봐요."라고 가볍게 넘어가는 게 상책입니다. 거짓말 목록을 만들어 두고 그때그때 꺼내 쓰는 것도 방법입니다. 같은 일로 반복해서 사람을 부를 때 다음과 같은 목록이 쓸모가 있습니다.

- 화장실에 있어요.
- (휴대전화를 들어 보이며) 전화 좀 받고 올게요.
- 어머니 드실 아이스크림 좀 사 올게요.
- 약 사러 약국에 다녀올게요.
- 슈퍼에서 사탕 사다 드릴게요.

학생 사안 발생 시 학부모 상담

사안이 발생해 학부모를 모실 때는 아버님과 어머님을 함께 모시는 것이 이상적입니다. 낯선 행동을 하는 학생의 경우 아버님이 아이의 상황을 잘 모르시는 경우가 많아 아버님의 협조를 구하면 사안의 예방과 처리가 훨씬 쉽기 때문입니다. 학교에 나오시면 회의실 등 조용한 방으로 안내합니다. 교무실은 다른 교사들에게 부모님의 개인

정보가 노출될 수 있고, 교실은 대등하게 마주 앉을 수 없어 자칫 교사가 '갑'이라는 분위기를 만들 수 있으니 피해야 합니다. 사안이 민원이 우려되는 예민한 경우라면 증인이나 중재 가능한 SPO(스쿨 폴리스), 부장 교사, 상담 교사 등에게 동석을 부탁드립니다. 사안 관련 증빙 자료 사본(아주 드물지만 마음이 급한 나머지 증거를 없애려 하는 학부모도 있으니 미연에 방지하는 것입니다) 클리어 파일이나 정부 파일에 모아 둔 그간의 학생 관련 기록들, 즉 담임 및 교과 교사의 기록, 정서·행동 발달 검사 결과지, 학생이 쓴 경위서, 반성문 등의 사본을 드리고 차를 대접해 천천히 드시면서 검토하도록 시간을 드려야 합니다. 적절한 평계를 대고 선생님은 교무실에 잠시 다녀오시는 것이 상담의 깨알 팁입니다. 학부모님이 자료를 검토하는 동안 교사의 말이 일시적이거나 감정적이지 않다고 느끼면 대화가 한결 수월해지기 때문입니다.

학부모가 상황 인식을 잘못해 감정이 격해 있을 때에는 교사가 논리적으로 설명하는 것이 의미 없을 수 있습니다. 그럴 때에는 "그렇게 생각하시는군요.", "부모님 관점에서 당연히 그렇게 생각하실 수 있을 것 같아요."라고 대응하며 기다리는 것이 좋습니다. 감정이 격해져 있는 사람에게 필요한 것은 더 많은 정보가 아니라 경청, 공감, 배려입니다. 특히 민원의 대부분은 해결책을 찾아서 왔다기보다 들어줄 사람을 찾아온 것입니다. 설명에 집착하다가는 오히려 상황이 악화되지만, 감정에 대한 공감은 화를 가라앉힙니다. 공감을 해 드리면 혹시 교사가 잘못을 인정하는 것이 아닌가 하는 우려는 기우입니다. 학부모님이 학교에 오셔서 긴장해 계실 때 눈을 마주 보며 "자식 키우기 정말 힘드시죠?"라고 말씀을 드리면 한참을 흐느껴 우시는 부모님도 계십니다. 공감 이후에는 상담이 일사천리로 진행됩니다.

교사와 학부모의 공조는 서로 감정이 가라앉은 다음에 가능합니다. 학생 사안과 관련해 학부모 상담 시에 교사는 상담에 응해 준 것에 관해 호의를 표하고 부모님의 불편한 마음을 읽어 드리고, 상담의 목적이 처벌이 아니라 학생이 성찰을 통해 성장을 할 수 있도록 교사와 학부모가 협조하여 최선의 방안을 마련하는 데 있음을 알리며, 처리 절차를 친절하게 안내하고 적절한 도움을 받을 방안을 찾아 설명합니다. 학교 폭력 사안의 경우 담임교사가 아는 만큼 소상하게 절차를 안내해 드리면 담임과 학교를 더욱 신뢰하게 되어 오히려 향후 절차를 간소화하고 민원을 예방할 수 있습니다. 상담이 끝나면 이미 드렸던 파일을 가져가시게 해서 집에서 어른들이 함께 아이에게 사실을 확인하고 공동 대응을 할 수 있게 합니다.

가장 주의해야 할 점은 담임교사가 학생의 선도나 보호처분에 대해 섣부른 판단을 해서는 안 된다는 것입니다. 잘잘못을 따지고 언급하는 역할은 선도위원회나 교육청 심의위원회의 몫이지 담임의 몫이 아니니 피하도록 합니다.

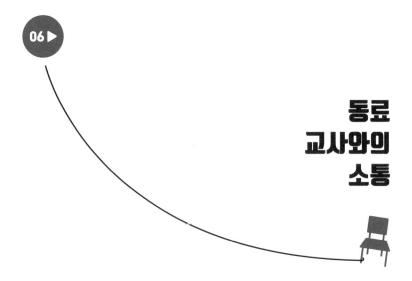

06

동료 교사와의 소통

경기도교육청 1정 연수 국어, 사회, 가정과 선생님 190여 명과 '교사 간의 인간관계'를 주제로 이야기를 나눈 적이 있습니다. "지난 학기에 선생님을 가장 힘들게 했던 일과 가장 즐겁게 했던 일을 적어 주십시오." 했더니 동료 교사들 간의 갈등으로 아래 문제들을 지적했 습니다.

동료 교사와의 갈등

- 맡은 일을 하지 않아 일이 자기한테 넘어오는 경우
- 업무가 편중되는 경우

- 행정적인 일, 중요하지 않은 일에 시간이 많이 드는 경우
- 일 처리에 미숙한 교사

직무 분석이 필요

업무가 많은 것도 문제이지만 업무 편중도 심각하다는 의견입니다. 이를 예방하려면 매년 학년말에 학교교육 계획 평가와 더불어 직무 분석 → 직무 조절 → 직무명세표/매뉴얼 작성이 이어져야 합니다. 직무 조절은 업무량 균등화를 지향해야 하는데, 학교 단위에서 이루어지지 않으면 부 단위에서라도 제안을 해서 일이 많은 쪽과 적은 쪽을 모두 고려해 조절해야 해요. 업무를 맡기 전에 이를 나누어 두어야 '파이를 누가 자르든 관계없이 선택은 다른 사람이 하므로 공정한 입장을 유지'할 수 있습니다.

① 직무 분석의 개념

직무 분석이란 직무의 현재 내용을 조직적·과학적으로 체계화해 가장 알맞은 자리에 필요한 직무를 제공하는 작업을 말합니다. 교육 계획서에 있는 한 줄의 업무 분장표로는 아무리 인사위원회가 열심히 한다 해도 불만이 남을 수밖에 없지요. 우선 직무 분석을 하고 직

무명세표를 만든 다음 업무 분장을 새로 하도록 요구해야 합니다. 힘든 일이 있거든 그때마다 기록해 두고 다른 선생님 의견도 듣고 연말에 학교교육 계획 평가 때 힘을 모아 써내도록 합니다. 말하지 않으면 귀신도 모른다잖아요.

② **직무명세표** Job Description **작성 방법**

직무명세표는 직무의 목적, 방법, 작업 시간, 작업 환경이나 난이도 등 직무 내용과 그와 관련한 요건을 자세히 적은 문서로, 직무나 조직의 개선 및 직무 평가에 없어서는 안 될 문서예요. 연말 학교교육 계획 평가에 반드시 자신의 직무명세표를 적어 내 역할 분담 체계를 점검하도록 합니다. 교직원들은 담당 직무에 대한 '명확한 직무명세'가 정의될 수 있도록 해야 합니다. 그래야 다른 사람이 그 일을 맡을 때 자신의 업무 권한과 한계를 알 수 있습니다.

> **한 걸음 더:** 자기가 맡은 업무에 대한 매뉴얼을 작성해 둡니다. 나중에 다른 교사가 그 일을 맡더라도 매뉴얼을 토대로 업무를 원활하게 처리할 수 있도록 해야 합니다. 이는 센스가 아니라 의무입니다.

교사 간 소통법

해결책 없는 갈등은 없다는 믿음을 가지고 긍정적이고 능동적으로 대안을 찾아 제시하도록 합니다.

- 맡은 일을 하지 않아 일이 자기한테 넘어오는 경우:

  중간 관리자에게 조정 역할 구하기
- 업무가 애매한 경우:

  업무 분장 상세화 기준 건의하기
- 행정적인 일, 중요하지 않은 일에 시간이 많이 드는 경우:

  전결 처리 규정 확대 모색하기
- 교과담임과의 소통:

  교사마다 가치관이 다를 수 있습니다. 하지만 교과담임도 학급담임의 학급운영 철학을 이해하고 있어야 합니다. 학교 내 메신저에 교과담임 그룹을 만들어 필요한 정보를 그때그때 공유합니다.

원활한 소통의 실제 사례

영어과 주임을 한 해 맡고 다른 교사에게 넘기는 해에 겪은 일입니다. 담임교사와 원로 교사, 부장 교사에 대해서는 수업 시수를 배려하지만, 학교 행정상 보직으로 분류되지도 않은 과 주임이나 공개수업을 맡은 교사들에 대한 배려가 전혀 없었습니다. 그래서 과협의회에서 가능하다면 과 주임과 공개수업을 하는 교사의 수업 시수를 주당 한 시간씩 줄이자고 제안했고, 먼저 이 원칙에 합의해 주실 수 있는지 여쭈었습니다. 40분가량 토론을 했습니다. 누군가를 배려하려면 누군가가 상대적으로 그 부분을 떠안아야 하는 경우가 없지 않아서 본래 이런 협의회가 열리면 격론을 벌이거나 상처 받는 말이 오가기 십상입니다. 과 주임으로서 "사람을 보지 마시고 새로운 시스템을 만드는 데 관심을 집중해서 말씀해 주셨으면 합니다. 올 한 해의 문제가 아니라 앞으로 오랜 기간 모두에게 영향을 끼치는 좋은 제도를 구축해 주세요."라는 말로 회의를 진행했습니다. 원로 교사가 아닌 50대 초반의 한 교사가 "우리는 어릴 때 이런 거 다 하면서 살아왔는데 나이 들어서 우리만 오히려 피해 보는 거 아니냐."라는 요지로 반발했습니다. 그 말은 역차별을 의미하는 듯하고 이유 있는 항변이지만 감면 혜택이 누구에게 돌아갈지 아무도 모르는 상황이니 찬성해 주시면 좋겠다는 뜻을 전했더니 가까스로 수긍하셨습니다.

행여 서로 상처를 주고받을까 걱정스러워 사회자인 저를 보며 말씀해 달라고 가볍게 웃으면서 부탁드리기도 했습니다. 모두가 만족스러워하는 결과가 나오면 좋겠지만, 어쩔 수 없이 누군가에게는 서운한 결과일 테고, 서운한 마음에 다른 이에게 상처 주는 말을 하는 일이 반드시 있기 마련이라 제가 중간자로 나섰습니다. 어떤 선생님이 의견을 말씀하시면 그 요지를 간추려 상황을 정의하고 공유한 다음 그런 말씀을 하시게 된 감정적 동인도 객관적으로 표현하려고 이른바 '입으로 듣기'를 해 보려고 애썼습니다.

여러 차례 어려움을 겪으면서 우리 사회가 얼마나 말하기 훈련이 안 된 사회인지 다시 한번 절감했습니다. 하지만 '입으로 듣기'는 참으로 놀라운 진정 효과를 지녔습니다. 결국 제가 제안한 두 가지가 모두 채택되었고, 스스로 정한 원칙들을 지키려고 서로 다양한 양보를 거쳐 교과주임과 수업 연구 교사에게 한 시간씩 수업 시수를 덜어 드릴 수 있었습니다. 이러한 산고 끝에 영어과 내규 한 가지가 추가되었습니다.

"수업 연구 교사와 교과주임은 비담임이 맡도록 하되 수업 시수를 한 시간씩 줄이도록 최대한 배려합니다."

일을 마무리 짓고 산에 다녀오는 길에 같은 교과 선생님들에게 문자를 보냈습니다.

"서로 한 발씩 양보해 주셔서 교과주임과 수업 연구 교사에 대한 배려를 시스템화할 수 있었네요. 감사합니다. ^^"

한 선생님이 답장을 보내셨어요.

"오늘 회의 주재하시는 모습 뵈면서 많이 배웠어요. 잘 마무리 지을 수 있었던 건 잘 이끈 선생님 공이 큽니다."

If the focus shifts from defeating each other to defeating the problem, everyone can benefit.

_『You Can Negotiate Anything』 by Herb Cohen

만약 '상대편'을 물리치는 것에서 '문제'를 물리치는 것으로 초점을 이동하면 모든 사람이 이익을 얻을 수 있습니다. 소통 훈련은 모든 분야에서 계속되어야 합니다. 행복한 교실을 넘어 행복한 사회를 위하여.

좀 더 자세한 내용은 교직 사회 갈등 해결 강좌 동영상(http://cafe. naver.com/ket21/328)을 참고해 주세요.

교직 사회 갈등 해결 강좌 동영상 목록

1. 갈등 해결에 주목하는 이유
2. 인정의 힘
3. 아이들과의 소통 훈련
4. 소통 훈련은 우리 사회의 과제
5. 갈등 해결: 불평 대신 제안을
6. 갈등 해결: 다름과 틀림의 구별 1
7. 갈등 해결: 다름과 틀림의 구별 2
8. 우리 사회의 반민주성 해소법
9. 옳되 구체적이어야 한다 1
10. 옳되 구체적이어야 한다 2
11. 원칙부터 정하기
12. 억지에는 원칙으로

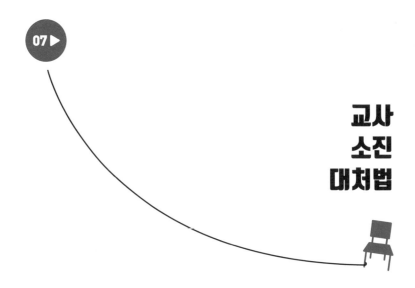

07 ▶

교사
소진
대처법

　날마다 많은 학생들을 상대해야 하는 교사는 육체적·정신적으로 상당히 고된 직업입니다. 언제, 어디서 무슨 일이 생길지 모르기 때문에 항상 긴장하고 있어야 하고, 때로는 대화가 잘 통하지 않고 때로는 과격한 행동을 하는 학생들을 돌보는 것도 굉장히 힘듭니다. 그러다 보면 하루하루 스트레스가 쌓이게 되죠.

　이렇게 날마다 육체적·정신적으로 고되게 지내야 하는 교사는 자칫하면 소진(탈진)될 가능성이 매우 큽니다. 「한겨레신문」에 따르면, 소진의 증상은 다음과 같습니다. 첫째, 에너지 고갈이나 소진의 느낌, 둘째, 일에 대한 심리적 괴리, 또는 일에 관한 부정적·냉소적 감정의 증가, 셋째, 업무 효율 저하입니다.

교사가 소진되지 않으려면 무엇보다 스스로 육체적·정신적 건강을 돌보아야 합니다. 다시 말해, 학생들을 돌보는 시간도 있지만, 자신을 위해 사용하는 시간도 있어야 한다는 것입니다. 운동 한 가지, 그리고 취미 생활이든 자신을 행복하게 만들어 주는 것 한 가지 정도를 꾸준히 하는 것이 장기적으로 교사의 건강을 지키는 데 도움이 됩니다.

교사의 정신 건강에 빨간불이 켜지지 않도록 조심해야겠지만, 만약 문제가 생겼다고 판단되면 주저하지 말고 정신 건강 전문가에게 도움을 청해야 해요. 감기에 걸리면 병원에 가서 처방을 받듯이, 전문가에게 자신의 상태를 정확히 진단받고, 그에 따라 적절한 도움을 받는 것이 무엇보다 중요합니다.

안타깝게도 많은 교사들이 정신 건강 문제로 고통을 받고 있습니다. 교사가 스스로 자신의 상태를 돌아보고 챙기지 않는다면 교사 자신은 물론 교사가 돌보고 지도해야 하는 여러 학생들 또한 어려움을 겪을 수 있으니, 꼭 신경 써야 합니다.

교사 소진의 증거

1970년대 미국의 심리학자 허버트 프로이덴버거Herbert Freudenberger

는 "직무 스트레스로 인한 정서적·육체적 소진 상태"를 '소진^{消盡,} Burnout'이라는 용어로 정의했습니다. 조직 구성원들이 기대되는 보상을 얻지 못하거나 인간관계에 지나치게 몰입한 나머지 생긴 피로감이나 좌절감을 총칭하는 말이지요. 조직 구성원들이 조직 생활, 직장 생활을 하면서 쌓인 만성적인 스트레스가 신체적·정서적·정신적 고갈 상태로 나타납니다. 이는 특히 개인 및 조직에 부정적 영향을 끼친다고 해요. (위키백과 https://ko.wikipedia.org/wiki/소진_(심리학))

제가 소진에 관심을 가지게 된 것은 교사 연수에서 교직 만족도 조사를 하면 모든 나이대에서 상상도 못 할 만큼 낮은 점수가 나왔기 때문입니다.

2005년부터 교사 연수를 할 때 교직 만족도 설문 조사를 하고 있습니다. 교사의 직무 스트레스는 모든 나이대에서 높게 나타났고, 신규 교사라고 예외는 아니었습니다. 오히려 더 높은 편이었죠. 실제로 한 학기를 근무한 신임 교사 400여 명을 대상으로 교직 만족도를 조사해 보았더니 5점 만점에 평균 1.7점이 나와서 조사자와 조사에 응한 신임 교사들 모두 놀랐습니다. 한편으로는 "나만 힘든 게 아니었구나."라며 안도하는 기색을 보이기도 했지요.

전국적으로도 크게 다르지 않아서 1.7~3.4점 정도의 분포를 보이며 평균 2.5점 정도에 머물고 있습니다.

교직 만족도 설문 조사

2005년부터 교사 연수 시 교직 만족도를 조사하고 있습니다. 솔직한 답변 부탁드려요.

※현재 교직 만족도를 5점 만점으로 볼 때 몇 점 정도로 생각하시나요?

5점	4점	3점	2점	1점
매우 만족	대체로 만족	보통	대체로 불만족	매우 불만족

전년도와 비교해 변화가 있었다면 그 이유는 무엇인가요? (복수 응답 가능)

_____

_____

_____

교직 만족도가 높아지려면 어떤 변화가 있어야 할까요?

_____

_____

_____

교사 소진의 양상과 해결법

① 일중독

교사로서 더 잘해야 한다는 강박은 시스템이나 명령 같은 외부 요인에서 시작되기도 하지만, 한편으로는 내면의 욕심이나 압박에서 기인하기도 합니다.

다음은 일중독 자가 진단 항목입니다. 아래 목록 중 4개 이상 해당한다면 일중독을 의심해 봐야 합니다.

1. 전날 아무리 늦게 자도 아침 일찍 일어난다.

2. 퇴근한 뒤에도 학교 일에 관한 걱정을 많이 하는 편이다.

3. 일이 너무 많아 휴가를 낸다는 것은 상상하기 어렵다.

4. 아무것도 하지 않고 휴식을 취하면 안절부절못한다.

5. 다른 사람들이 생각하는 나는 '경쟁의식이 강하고 일에 승부를 거는 사람'이다.

6. 언제, 어디서나 일할 자세와 준비가 되어 있다.

7. 혼자 보내는 점심시간에는 시간을 절약하기 위해 공문이나 일감을 검토한다.

8. 휴일에도 밀린 업무 처리를 해야 한다.

9. 매일매일 할 일을 **빡빡**하게 목록으로 만들어 놓는다.

10. 정말로 일하는 것을 즐기고 다른 일에는 별로 관심도 없다.

　　일중독에 한번 빠지면 알코올이나 약물에 중독된 사람처럼 자신의 의지만으로는 헤어 나오기 어려우므로 전문가의 도움이 필요합니다. 하지만 초기 단계라면 생활 습관을 고치는 것만으로도 많이 나아질 수 있습니다. 되도록 매일 7시간 이상 잠을 자면서 휴식을 충분히 취하고 운동을 일주일 3번 이상 규칙적으로 해야 합니다.

　　주말에는 일하지 않고 가족과 함께 시간을 보내거나 자신만의 시간을 갖습니다. 현대인의 고독은 혼자 있어서가 아니라 혼자 있는 시간이 부족해서 생깁니다. 인디언들은 말을 타고 가다가 한 번씩 내려 자신의 영혼이 잘 쫓아오고 있는지 뒤를 돌아본다고 해요. 이 이야기가 주는 메시지는 의미심장합니다. 또 제때 식사를 챙기며 골고루 영양을 섭취해야 합니다. 밥만 한 보약이 없지요. 반찬을 열 가지 이상 먹도록 습관을 들이면 더욱 좋습니다.

　　'연수 중독'이라고 부를 만큼 연수를 찾아다니는 교사들도 적지 않습니다. 그런데 변화의 조짐은 크게 보이지 않습니

다. 중요한 것은 즉각적인 실천입니다. 방학 때 배웠으면 개학 후 한 가지라도 즉시 실천해 봐야 그것을 자기 것으로 만들 수 있습니다.

② 신체 질환

교사가 겪는 신체 질환은 목소리 이상이 44.5퍼센트로 가장 많습니다. 다음은 탈모(17퍼센트, 스트레스), 하지정맥류(11퍼센트), 피부 질환(3.5퍼센트, 분필·먼지), 무지 외반증(2.7퍼센트, 구두) 순서라고 합니다.

이 중 교사 직업병 1위인 목소리 이상 예방법을 알아보도록 해요.

목소리 건강을 위해 가장 먼저 할 일은 차갑지 않은 물을 하루 종일 조금씩 나눠 마시는 것입니다. 성대를 촉촉하게 유지해야 성대 점막에서 점액이 잘 분비되며 성대의 진동이 원활하게 이루어집니다. 성대에 좋은 차나 자기가 좋아하는 차를 끓여 텀블러에 가지고 다니며 수시로 마시는 습관을 들이는 것도 좋은 방법이에요.

둘째, 습도를 적절히 유지합니다. 특히 문을 닫고 생활하는 겨울철에는 수시로 물을 뿌리거나 대걸레질을 하는 것이 도움이 됩니다.

셋째, 마이크 장비를 이용하는 것도 좋아요. 개인 휴대용 마이크를 쓴다면 야외 활동을 할 때에도 도움이 되고, 목소리가 작은 학생들의 읽기나 발표 시 활용해도 좋습니다. 교단 선진화 장비 마이크 단자가 있다면 방송용 마이크와 케이블을 연결해 높은 음질로 수업을 할 수 있습니다.

넷째, 성대에 이상이 있다면 금연과 절주는 꼭 지켜야 합니다. 술은 성대에 알레르기 반응을 일으켜 목을 붓게 하거나 염증을 유발해요. 담배는 성대에 부종, 염증, 건조감을 일으킵니다. 간접 흡연도 피해야 합니다.

다섯째, 물 대신 커피 등 카페인 음료를 마시는 것도 피합니다. 카페인이 성대를 마르게 하기 때문이죠. 콜라, 사이다 같은 탄산음료, 후추 같은 자극적인 식품은 물론 우유, 초콜릿, 팝콘, 치즈, 땅콩 섭취도 자제해야 합니다. 목 안의 점도를 높이거나 건조하게 해 성대에 나쁜 영향을 주기 때문이죠.

여섯째, 두성 발성법을 습관화합니다. 두성 발성법이란 머릿속 공간을 울려 공명을 내는 방법으로, 성악에서 유래했어요. 공명, 피치를 높여 편안하게 힘 있는 노래를 할 수 있도록 하는 방법입니다. 주변에 성악을 전공한 음악 선생님을 전문 학습 공동체 강사로 초빙해 한 학기 정도 반복해서 연습하면 효과를 볼 수 있습니다.

③ 정신 질환

국회 교육문화체육관광위원회 소속 새누리당 이에리사 의원이 2013년에 교육부에서 입수한 자료에 따르면, 지난 2009년부터 2013년 8월까지 정신 질환으로 휴직하거나 면직 처리된 교사의 숫자가 397명에 달한다고 합니다. 2009년 61명, 2010년과 2011년에는 각각 69명으로 비슷한 수준을 유지했지만, 2012년에는 2배가량 뛴 112명을 기록한 것으로 나타났습니다.

연도	2009년	2010년	2011년	2012년	2013년 8월
휴·면직 교사 수	61명	69명	69명	112명	86명

1) 우울증

2006년 교사들의 휴직 사유로 정신 질환이 가장 많았다고 합니다. 2019년 우리나라의 자살률은 OECD 회원국 중 1위였습니다. 2017년 리투아니아가 가입함에 따라 빼앗겼던 자리를 2년 만에 탈환(?)한 셈이죠. 자살률이 높다는 것은 그만큼 우울이 심하다는 뜻이에요. 사회 전체가 우울한데 교사라고 안전할 수 없습니다. 디지털 세대인 학생들과의 갈등 증가, 학부모들의 요구 증가, '학교 폭력 예방 및 대책에 관한 법률' 등에 따른 업무의 폭증 같은 이유로 교사가 많이 우울해졌습니다. 특히 학교 폭력을 법으로 다루면서 업무가 폭증해 생활지도 분야를 맡은 교사들 중 우울증 치료를 받은 교사가 적지 않습니다. 2014년에는 업무 스트레스를 심하게 받은 모 중학교 생활지도부장 교사가 자살을 한 사례도 있었지요.

직장인 결근 사유 1위가 우울증이 될 것이라는 보도처럼 우울증은 현대인 대다수가 조금씩은 경험하는 질병이지만, 교사라는 직업

특성상 학생들에게 정서적으로 영향을 줄 수 있기 때문에 치유하려는 적극적인 마음가짐이 필요합니다.

다음은 우울증 체크리스트입니다.

1. 남들은 즐거워하는 일에도 무표정하거나 오히려 우울해 보인다.

2. 집중력·기억력·판단력이 현저히 떨어져서 하던 일을 못 한다.

3. 세상만사가 귀찮고 부질없다는 생각이 들어 손에서 일을 놓는다.

4. 세수나 식사 등 간단한 자기 관리도 소홀히 한다.

5. 불필요하게 온갖 일에 부정적 생각을 하며 걱정을 많이 한다.

6. 지난 일만 떠올리면서 늘 후회하고 서운해한다.

7. 자신의 앞날엔 절대 좋은 일이 없을 것이라고 말하거나 믿는다.

8. 자신이 한심하고 하찮은 존재라고 생각한다.

9. 식욕이 없다며 하루 종일 거의 먹지 않는다.

10. 걱정과 초조감 때문에 불면증에 시달린다.

이 가운데 7개 이상의 증상이 2주 이상 계속되면 약물 치료가 필요한 우울증으로 의심해 봐야 합니다. (출처: 「메디컬투데이(www. mdtoday.co.kr)」)

수면 장애 극복 팁

우울증의 조짐은 수면에서 많이 나타납니다. 2011년 2월 생활지도부장 요청을 받았습니다. 의무감에 이를 수락하고서 이튿날부터 불안감 때문에 새벽에 잠이 깨는 고통을 겪은 적이 있습니다. 지금도 우울하면 새벽에 잠이 깨곤 합니다.

잠을 잘 자려면 어떻게 해야 할까요?
① 잠을 규칙적으로 잡니다.
② 오후에는 카페인이 든 음료는 피합니다. 카페인 없는 커피도 권장할 만합니다.
③ 낮에 햇볕을 많이 쬡니다. 세로토닌이 분비되어 우울증 예방에 도움이 됩니다. 야외 활동이 여의치 않다면 채광이 부족하지 않도록 실내조명을 밝게 하는 게 좋습니다. 십자 형광등으로 모두 교체하는 것도 방법입니다.
④ 낮잠이나 초저녁잠을 피합니다. 낮잠을 자더라도 30분 내외로 조절합니다.
⑤ 침실 온도를 알맞게 조절합니다. 테이프 형태의 문풍지를 문틈에 붙이면 방풍, 보온은 물론 방음 효과까지 볼 수 있습니다
⑥ 암막 커튼처럼 빛이 완전히 차단되는 커튼을 치고 하루에 7시간 이상 자도록 합니다.
⑦ 소음을 차단합니다. 귀마개도 습관이 되면 도움이 됩니다.

2) 신경정신과 상담 시 유의 사항

Q. 혹시 신경정신과 약을 처방받으면 기록에 남아 추후 보험 가입에 문제가 되지는 않나요? 정신과 기록을 남기는 게 한편으론 조심스럽네요. ㅠㅠ

A. 무슨 보험이 그럴까요? 저는 신경정신과 공무상 병가 이후에도 보험 다 들었어요. 요즘 치료를 받는 성대 마비 비용도 실손보험으로 처리하고요.

우울증으로 상담을 받기 꺼리는 이유 중 하나는 낙인이 찍힐까 두려워하는 마음일 것입니다. 그러나 현재 우리나라나 일본 모두 교사 휴직 사유 1위가 신경정신과 질환이라는 점을 이해한다면 편안하게 받아들일 수 있을 것 같습니다. 또 신경정신과 상담 기록이 혹시 나중에 보험 가입 등에 불이익이 있을까 걱정을 하는데 보험을 새로 드는 데 제약 조건이 되지 않습니다.

신경정신과에 갔는데도 별 효과를 못 볼 수 있습니다. 내담자와 상담자 간의 라포르 형성이 중요한데 성격이 안 맞든지 하면 상담자를 바꿔 보는 것도 괜찮습니다. 미국의 유명한 교육학자 파커 J. 파머도 우울증 때문에 5년 정도 치료를 받았는데 처음 두 명의 전문의가 약물에만 의존하자 다른 전문의를 찾았고 결국 세 번째 전문의가 자신의 내면을 치료해 주었다고 말한 바 있습니다.

더불어 교사는 아이의 신경정신과 상담을 고민하거나 상담을 이미 받아 본 학부모에게 긍정적인 피드백을 해야 합니다. 신경정신과 상담이 효과가 없다는 말에 흔들리는 모습을 보인다면 "당연합니다. 아이와 의사 선생님이 서로 궁합이 맞아야 하죠. 조급하게 생각하지 마시고 몇 군데 더 다녀 보신 다음 아이가 친근함을 느끼는 선생님과 상담을 하시는 것이 좋습니다."라고 권하는 것이 바람직합니다. 또한 소아청소년 전문의가 따로 있다는 것도 설명하고, ADHD 전문의도 있으니 http://www.adhd.or.kr에서 찾도록 안내하는 등 알고 있는 정보를 성심껏 전달해 도움이 되도록 합니다.

상담 치료 시 유의 사항

※저자의 사례

상담 첫날 명함을 드렸습니다. 누구 소개로 왔고 소개한 분과는 어떤 사이인지도 말씀드렸습니다. 상담 2회기에는 제 명함에 적혀 있는 카페에 들어가 보셨다며 일을 굉장히 많이 한다고 하셨습니다. 상담 전에 어떤 말씀을 드릴지 한번 정리하고 가는 편입니다. 중요한 내용을 빠뜨리면 치료가 제대로 이루어지기 어렵기 때문입니다. 가족 안에서 있었던 일이나 여행 이야기, 읽은 책 등등 저의 변화와 관련된 모든 정부를 열심히 보고합니다. 때로는 읽은 책을 가져가 보여 드리기도 합니다. 제가 쓴 책도 모두 서명을 해서 드렸습니다.

보통 상담은 한 시간을 기준으로 한다고 하는데 첫날만 그 정도이고 2회기부터는 15분 내외만 했습니다. 제가 부지런히, 거의 수다 떨듯이 지난 일주일 생활을 보고하니까 점점 시간이 단축되었습니다.

참고 문헌

가야마 리카, 『젊음의 코드를 읽는다』, 황금가지, 2005.

강영진, 『갈등 해결의 지혜』, 일빛, 2009.

강은정 외, 「문제 행동 예방 및 대응을 위한 생활지도 매뉴얼」, 교육부, 2013.

김미경, 『청소년을 위한 비폭력 대화』, 우리학교, 2013.

김주환, 『회복탄력성』, 위즈덤하우스, 2011.

김현수, 『교실 심리』, 에듀니티, 2010.

김현수, 『교사 상처』, 에듀니티, 2013.

낸시 벤벵가, 『학대받는 아이에서 학대하는 어른으로』, 생활성서사, 2003.

닉 데이비스, 『위기의 학교』, 우리교육, 2007.

다중지능연구소, 『강점지능 살리면 뜯어말려도 공부한다』, 아울북, 2006.

대니얼 T. 윌링햄, 『왜 학생들은 학교를 좋아하지 않을까?』, 부키, 2011.

다니엘 골먼, 『감성지능 EQ』, 비전코리아, 1996.

딕 티비츠, 『용서의 기술』, 알마, 2008.

레너드 삭스, 『남자아이 여자아이』, 아침이슬, 2007.

레이첼 시먼스, 『소녀들의 심리학』, 양철북, 2011.

로널드 T. 포터-에프론, 『욱하는 성질 죽이기』, 다연, 2014.

로버트 저겐, 『리틀 몬스터』, 학지사, 2005.

로버트 치알디니, 『설득의 심리학』, 21세기북스, 2007.

리처드 A. 워샥, 『이혼, 부, 모, 아이들』, 아침이슬, 2005.

마틴 셀리그만, 『긍정심리학』, 물푸레, 2009.

박미라, 『치유하는 글쓰기』, 한겨레출판, 2008.

박종연, 『스마트폰 중독 이렇게 극복하라』, 혜성출판사, 2013.

존 실리 브라운·더글라스 토머스, 『공부하는 사람들』, 라이팅하우스, 2013.

손지신·고유라 외 9명, 『교서기 긴찌 궁금해하는 온라인 수업』, 학교도서관저널, 2020.

송형호, 『송샘의 아름다운 수업』, 에듀니티, 2018.

송형호 외, 「강함과 부드러움의 조화를 이룬 생활교육」, 서울교육과학정보연구원, 2010.

송형호 외, 「사회적 기술과 감성코칭」, 서울교육과학정보연구원, 2011.

송형호 외, 「자율통제교실(The Self-control Classroom)」, 서울시교육청, 2009.

송형호·우선하 외, 「교육과정을 통한 학교 폭력 예방 교육」, 서울교육과학정보연구원, 2013.

함영기, 『바람직한 ICT 활용교육 이론과 실제』, 즐거운학교, 2002.

홍영미·송형호 외 4명, 『교육을 바꾸는 힘, 감성교육』, 테크빌교육, 2013.

신인철, 『팔로워십, 리더를 만드는 힘』, 한스미디어, 2007.

송형호·왕건한 외 6명, 『교사119 이럴 땐 이렇게』, 에듀니티, 2019.

아론 라자르, 『사과 솔루션』, 지안출판사, 2009.

알피 콘, 『훈육의 새로운 이해』, 시그마프레스, 2005.

오가와 히토시, 『이제는 제대로 화내고 싶다』, 비전코리아, 2013.

우선하 외, 『어울림 학교 폭력 예방 프로그램』, 한국교육개발원, 2013.

우에노 레이, 『유쾌한 우울증 생활』, 열린세상, 2007.

이상춘, 『다시 태어나는 중년』, 한문화, 2015.

이윤식·김병찬 외 3명, 『교직과 교사』, 학지사, 2007.

이정현, 『심리학, 열일곱 살을 부탁해』, 걷는나무, 2010.

장차현실, 『엄마, 외로운 거 그만하고 밥 먹자』, 한겨레신문사, 2003.

재니스 A. 디 치아코, 『슬픈 아이들의 심리학』, 휴먼앤북스, 2009.

전기보, 『은퇴 후, 40년 어떻게 살 것인가』, 미래지식, 2013.

제니 랜킨, 『교사 번아웃 탈출 매뉴얼』, 지식의날개, 2019.

제인 넬슨, 『내 맘대로 안 되는 아이 제대로 키우는 긍정의 훈육』, 프리미엄북스, 2010.

제임스 레빈 외 1명, 『학급경영의 원리』, 시그마프레스, 2008.

조세핀 킴, 『우리 아이 자존감의 비밀』, 비비북스, 2011.

케리 패터슨·조셉 그레니 외 1명, 『결정적 순간의 대화』, 시아출판사, 2007.

존 그레이, 『화성에서 온 남자 금성에서 온 여자』, 동녘라이프, 2010.

초등교실상담연구회, 『초등 상담 사례집 교실 밖의 아이들』, 즐거운상상, 2008.

최나미, 『엄마의 마흔 번째 생일』, 청년사, 2005.

최성애·조벽, 『최성애·조벽 교수의 청소년 감정코칭』, 해냄, 2012.

스와 고이치, 『교사의 마음을 제대로 전하는 대화의 기술』, 양철북, 1996.

켄 블랜차드, 『칭찬은 고래도 춤추게 한다』, 21세기북스, 2003.

켄 블랜차드, 『하이파이브』, 21세기북스, 2001.

크리스토퍼 그린·킷 취, 『ADHD의 이해』, 민지사, 1999.

토드 휘태커, 『훌륭한 교사는 무엇이 다른가』, 지식의날개, 2009.

토드 휘태커·애넷 브로, 『교실에서 바로 쓸 수 있는 낯선 행동 솔루션 50』, 우리학교, 2020.

토니 험프리스, 『선생님의 심리학』, 다산북스, 2009.

토니 험프리스, 『훈육의 심리학』, 다산초당, 2010.

토르실 베르게·아르네 레폴, 『행복을 훔치는 도둑 우울증』, 문예출판사, 2007.

토머스 고든, 『교사 역할 훈련(T.E.T)』, 양철북, 2003.

토드 휘태커, 『훌륭한 교사는 무엇이 다른가』, 지식의날개, 2015.

티모시 쿰즈, 『위기관리 커뮤니케이션』, 커뮤니케이션북스, 2001.

파커 J. 파머, 『가르칠 수 있는 용기』, 한문화, 2000.

하워드 가드너, 『다중지능』, 웅진지식하우스, 2007.

하임 G. 기너트, 『부모와 아이 사이』, 양철북, 2003.

하임 G. 기너트, 『교사와 학생 사이』, 양철북, 2003.

EBS〈아이의 사생활〉제작팀, 『아이의 사생활 1, 2』, 지식채널, 2016.

EBS기획다큐멘터리 동기, 『스스로 도전하는 아이의 인생에는 막힘이 없다』, 거름, 2007.

Archbald, D. A. & Newman, F. M., 1988, *Beyond Standardized Testing: Assessing Authentic Achievement in the Secondary Schools*, Reston, VA:National Association of

Secondary School Principals.

Elaine K. McEwan-Adkins, 2005, *How to Deal With Parents Who Are Angry, Troubled, Afraid, or Just Plain Crazy*, Corwin Press.

Gibbons, M. (2002). *The self-directed learning handbook: challenging adolescent students to excel.* San Francisco: Jossey-Bass.

Georgia J. Kosmoski, 2005, *Managing Difficult, Frustrating, and Hostile Conversations: Strategies for Savvy Administrators*, Corwin Press.

Ian Tudor, 1996, *Learner-centredness as Language Education*, Cambridge University Press.

Lee Canter, 2013, 『단호한 훈육』, 학지사.

Levin & Shanken-Kaye, 1996, *The Self-Control Classroom*, Kendall/Hunt Publishing Co.

Linda Albert, 1996, *Cooperative Discipline*, Ags Pub.

Philip Kotler, 2002, *Social Marketing*, Sage.

Richard J., Stiggins, 1991, *Assessment Literacy*, Phi Delta Kappan.

Rudolf Dreikurs, 1998, *Maintaining Sanity in the classroom*, Accelerated Development, Philadelphia.

Todd Whitaker, 2004, *What Great Teachers Do Differently*, Eye on Education Inc.

Todd Whitaker,Douglas J. Fiore, 2001, *Dealing with difficult parents: (and with parents in difficult situations)*, Eye on Education.

Vito Germinario, 1992, *All Children Successful*, Technomic Pub.

Hill M. Walker, 1995, *Antisocial Behavior in School*, Thomson.

온·오프를 아우르는 학급경영 B to Z

초판 1쇄 펴낸날 2021년 1월 27일
초판 3쇄 펴낸날 2021년 3월 10일

지은이 송형호 손지선
펴낸이 홍지연 | 총괄본부장 김영숙 | 편집장 고영완
책임편집 한지연 | 편집 소이언 정아름 김선현
디자인&아트디렉팅 책은우주다 | 디자인 남희정 박태연 | 마케팅 강점원 최은
관리 김세정 | 인쇄 에스제이 피앤비

펴낸곳 ㈜우리학교 | 등록 제313-2009-26호(2009년 1월 5일)
주소 03992 서울시 마포구 동교로23길 32 2층 | 전화 02-6012-6094 | 팩스 02-6012-6092
홈페이지 www.woorischool.co.kr | 이메일 woorischool@naver.com

ISBN 979-11-90337-65-6 03370